The words of a wise man

賢者の言葉

宇敷珠美［監訳］　ビッグピクチャーズ［監修］

ダイヤモンド社

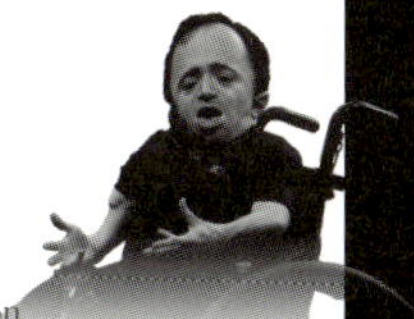

Sean Stephenson
ショーン・スティーブンソン
身長90cm車イスに乗ったモチベーター

Tony Hsieh
トニー・シェイ
ザッポスCEO

Bill Harris
ビル・ハリス
『ザ・シークレット』出演者

Eben Pagan
エブン・ペーガン
最速で10億円を築く
起業家

Frederik Willem
de Klerk
F.W.デクラーク
元・南アフリカ大統領
ノーベル平和賞受賞

Dalai Lama
ダライ・ラマ法王14世
チベット仏教最高指導者
ノーベル平和賞受賞

6人の賢者たち

ショーン・スティーブンソン
[身長90cm　車いすのモチベーター]

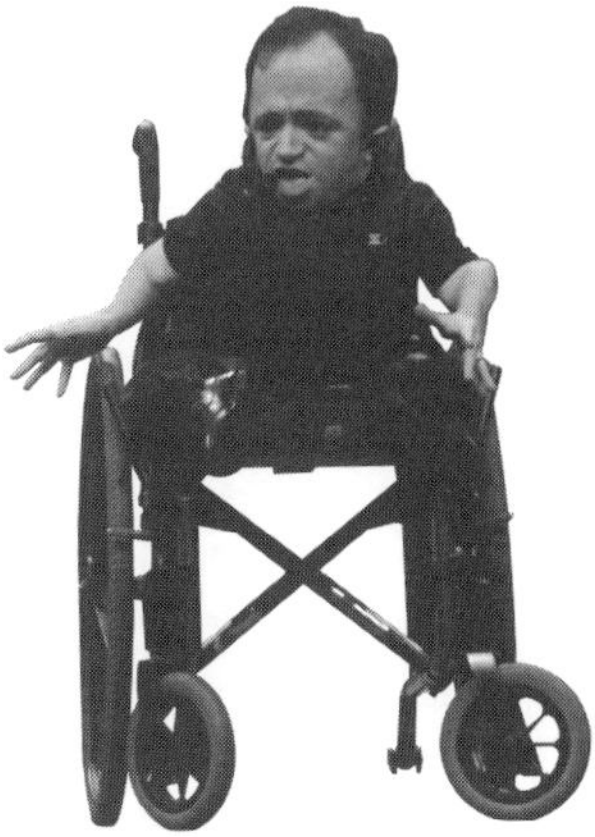

　生まれたときにすでに医者から死を宣告された彼には「犠牲者」として生きるいくつもの理由が用意されていた。18歳のとき、200回以上「骨の破砕」を経験するも克服し、現在はコーチ、セラピストとして活躍している。身長は90cmほどで一生車いすに頼らざるを得ないのだが、彼の行動・言動は、アンソニー・ロビンス、ビル・クリントンといった著名人にも影響し、オプラ・ウィンフリー・ショー、CNN／CBSニュース、ニューヨークタイムズなどに出演、掲載された。

Sean Stephenson

トニー・シェイ
[ザッポス CEO]

　ザッポスドットコムCEOとして、ユニークで実績を持つビジネスモデルを作り上げた。1998年、共同経営をしていたリンク・エクスチェンジ社をマイクロソフトに262億円で売却。当初ザッポスには投資家・アドバイザーとして関わっていたが、2000年よりフルタイムで経営に従事、１億６千万円（2000年）の売り上げを１千億（2008年）にする。

Tony Hsieh

ビル・ハリス

[『ザ・シークレット』出演者　世界的セラピスト]

「能力開発」の分野において40年間、スピーカー、著者、セラピスト、ビジネスオーナーとして活躍し続けている。センターポイント・リサーチ・インスティチュートを経営。ホロシンク・オーディオ技術は192カ国、100万人の人たちに活用され、多くのビジネスを画期的に成功へ導くことができるといわれている。世界的ベストセラー『ザ・シークレット』出演者。

Bill Harris

エブン・ペーガン

[最速で10億円ビジネスを作り上げる起業家]

2001年にスタートしたオンラインビジネスは、現在25億円の年収を上げているにもかかわらず、今でもオフィスや従業員をまったく持っていない。「いかに最速で10億円ビジネスを作り上げるか」を何千人もの起業家にトレーニングしている。

Eben Pagan

F.W.デクラーク

[元・南アフリカ大統領　ノーベル平和賞受賞]

1936年ヨハネスブルグに生まれる。1989年南アフリカ共和国の大統領として選出され、人種差別の徹底排除を訴えネルソン・マンデラを解放した。アパルトヘイトを終わらせ、1人1票を含む新憲法の土台を南アフリカにもたらした。1993年、それまでの功労と歴史を変えた人物として「ノーベル平和賞」を受賞。1994年にはマンデラ政権の第二副大統領に就任。

Frederik Willem de Klerk

ダライ・ラマ法王14世

[チベット仏教最高指導者　ノーベル平和賞受賞]

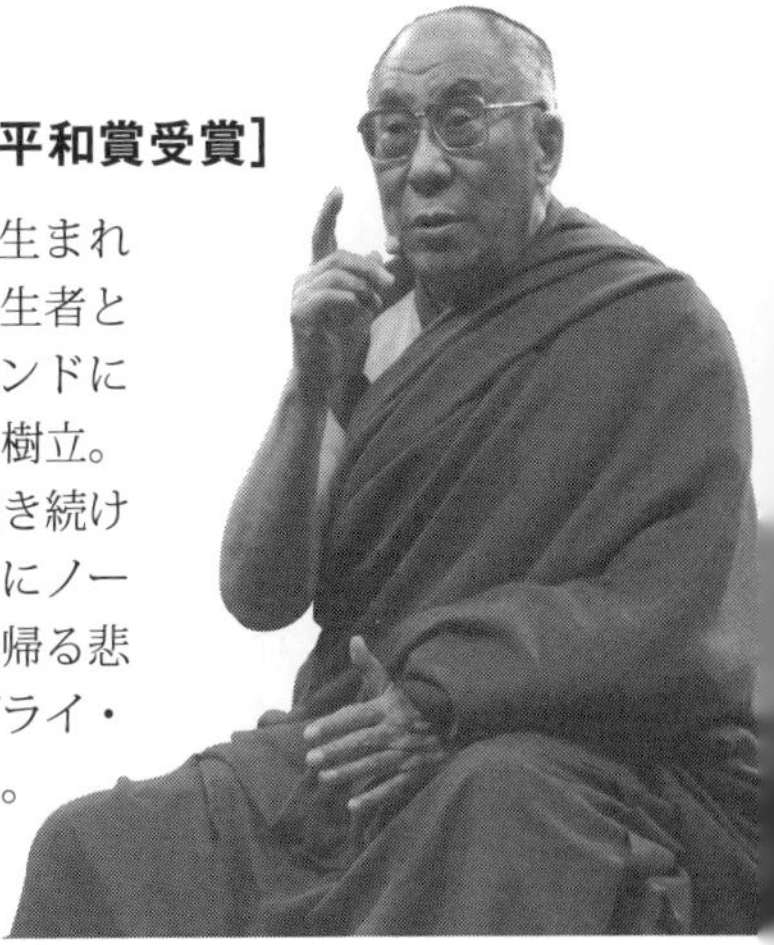

1935年、チベット北東部アムド地方に生まれる。2歳のときダライ・ラマ法王13世の転生者と認定。1959年、中国の侵略にともないインドに亡命。北インドのダラムサラに亡命政権を樹立。以来、世界各地で慈悲と非暴力の教えを説き続けている。平和への貢献が認められ、1989年にノーベル平和賞を受賞。全チベット人が祖国へ帰る悲願とともに、仏教の世界的指導者であるダライ・ラマ法王に絶大な尊敬と信頼を寄せている。

Dalai Lama

賢者の言葉　目次

The words of a wise man

6人の賢者たち　001

はじめに　013

『賢者の言葉』推薦者の言葉　018

「アメリカ大統領に
なりたい」という
強い思いが、
私をホワイトハウスでの
仕事に導きました
030

ビジョンを持つことで
閉ざされた
ドアの向こうにある
「真の求めるもの」
が手に入ります
034

人が「つながり」を
感じるのは、
「相手が自分のことを
大事にしてくれている
と感じた瞬間」です
041

chapter 1

The words of Sean Stephenson

ショーン・スティーブンソン

［身長90㎝　車いすのモチベーター］

私たちは全員が「地球」にいる運命共同体です。だからこそ、地球が良くなるための「ビジョン」を持つべきなのです　047

「自分に向かって言う言葉」によって自分が創られるのです　067

「起こったことを人生のギフトと思うか？　人生の重荷と思うか？」これが、私の人生を変えた「魔法の質問」です　085

すべてに自分が責任を持つことで、人生を制約する「3つの〝でも〟」から抜け出せます　051

「他人の言葉」にとらわれてはいけません。しかし、「人とのつながり」は人の命をも救います　075

「いっときの快楽」か「達成感」のどちらを求めるか？　あなたの「成長と貢献」につながるほうを選択しましょう　093

「自分にとってもっとも厄介な人々」とつながることで、今まで見えなかった「ピース（一面）」が見えてくる　057

「自分にかける言葉」は大切です。自分を「親友」のように扱うべきです　081

Contents

chapter 2

The words of Tony Hsieh

トニー・シェイ

［ザッポス CEO］

「多くのお客様から
愛される会社」
それが、
わが社の誇りです

100

「最高の顧客サービス」
を提供できる
ブランドでありたい

107

「お客様と
一生のお付き合いをする」
と考えるなら、
たとえライバル会社を
紹介しようと、
お客様が満足して
いただけることのほうが、
大切なはずです

113

「最大限の効率」
を目指すのではなく、
「最大限の顧客満足」
を目指す

118

どんなに優秀な人でも、
「企業文化」と
合わない人は
採用してはいけません

123

実行可能な
「コア・バリュー」
を持つことで、
すべての行動の
指針ができます

130

すべての情報を
「オープンにする」
ことが、
自社の信頼を
高めてくれます

141

すばらしい業績を上げる
企業の共通点は、
「企業内での団結」です。
その共通の認識を持つために
「コア・バリュー」を
作るのです

146

仕事は「お金」で
選んではいけません。
「これから10年間、
1銭にならなくても
続けられる仕事」
それこそが、
あなたを生かす仕事なのです

151

chapter 3

The words of Bill Harris

ビル・ハリス

[『ザ・シークレット』出演者　世界的セラピスト]

ビジネスの原動力となったのは、「お金」ではなく「情熱」 158

お金とは「前払い」すると割安になり「後払い」すると割高になる 163

米国の消費者は、「死ぬまで、出費を控えて貯蓄に充てる」ことを、すでに選択している 170

これからの世の中は「真に価値あるものを提供すること」なしに、モノは売れない 175

「商品が使われない」ならもうあなたから買わないし、他の人にも勧めません 180

ほとんどの会社がやらないことは、「ちゃんと効果を受け取ってもらう努力をすること」 187

「2％の行動する人」になれ 194

Contents

chapter 4

The words of Eben Pagan

エブン・ペーガン

［最速で10億円ビジネスを作り上げる起業家］

「自分勝手」になり、
力強い自分になれ。
その力で
「社会的な貢献」をせよ

204

ビジネスで最も大切な
【1】「商品」
【2】「マーケティング」
【3】「人間関係」
この3つを
考える時間をキープせよ

208

まずは、
「1万時間」をかけて
自らが「卓越」せよ。
その卓越した能力で
人々に貢献せよ

213

中小企業の
「ニッチ・ビジネス」を
立ち上げるための
「3つの質問」。
1：強い感情があるか？
2：顧客は自発的に動くか？
3：自社以外に選択肢があるか？

217

「一番自信のある商品」
こそ、
「無料」で配布しよう

224

「一番あなたに近い
5人の平均点」が
あなた自身の点数になる

229

「上司を支え続ける」
ことで、
あなたが引き上げられ、
あなたの部下を
引き上げられる

235

chapter 5

The words of Frederik Willem de Klerk

F.W.デクラーク

［元・南アフリカ大統領　ノーベル平和賞受賞］

12万年前までさかのぼれば、私たちは、全員が家族なのです　240

未来は予測不能です。ですから「変化を管理する能力」こそが、成功するためには必要なのです　244

「変化の必要性を受け入れる」ことを恐れてはいけません　251

「変化したつもり」で終わらせてはいけません。リスクをとりましょう。そして、目標を明確にし、タイミングを見極めて行動しましょう　256

「変化のプロセス」に終わりはありません。目標を達成したら、すぐに次の目標に向かう必要があるのです　262

「変化を管理すること」を怠らず、より良い世界の実現のために、行動を起こしましょう　268

「変化への恐れ」を、仲間とともに乗り越えましょう。そして、若者をも巻き込んでいきましょう　276

Contents

chapter 6

The words of Dalai Lama

ダライ・ラマ法王14世

［チベット仏教最高指導者　ノーベル平和賞受賞］

「精神的な豊かさ」とは、
周囲の人々の幸せが
自分の幸せ
と考えられる力です

282
人類に
違いなどありません。
60億人全員が
幸福な人生を手に入れる
権利があるのです

288
「怒り」は
客観的に
見つめることで、
消えていく

292
「真に実行する価値の
あるもの」を
入念に検討し、
確信を得たら
実行あるのみ

295
たしかに
「お金」は大切です。
しかし、お金だけでは、
有意義で幸せな人生は
送れません

302
「偉大な能力がある人」
ならば、
その力を、
コミュニティに
生かしてください

305
「本当の現実を理解した
行動」をとりましょう。
人間の感情は、
「実際の現実」より
大きなものとして
認識してしまうことが
多いのです

307

監訳者　あとがき　312
監修　ビッグピクチャーズ　あとがき　316

●カバーデザイン：重原 隆
●本文デザイン：斎藤 充（クロロス）
●編集協力：藤吉 豊、小川真理子（以上 クロロス）
●編集担当：飯沼一洋（ダイヤモンド社）

Contents

The words of a wise man

Prologue

はじめに

現代、「高度に発達した文明」は、私たちに多くの利益をもたらしましたが、その一方で、「過剰な経済活動」は貧富の差を広げ、資源は枯渇し、これまでにはなかった対立や困難を生み出しています。

このような困難を乗り越えるべく、多くの識者たちがさまざまな解決法を考案し、実践に移しています。本書では、そんな「現代を生きる賢者たち」が、自分を変え、人生をより良く生きるためのメッセージをあなたにお届けします。

私たちと同じ時代を生きる彼らに、「今思うこと」、「今私たちに伝えたいこと」を語っていただきました。特筆すべきは、**ここで取り上げられた賢者たちの言葉は、「今まさに語られている」ということです。**過去からつむがれた多くの叡智は、現代の賢者たちの中に結晶化されています。

私たちの生きる現代は、「本質の時代」、「本物の時代」といわれています。

本書に登場する賢者たちは、まぎれもなく現在において、世界をリードするオピニオンリーダーたちです。

■ショーン・スティーブンソン Sean Stephenson

（身長90㎝ 車いすのモチベーター）

ショーンは私たちの中にある、大きなエネルギーを最大限に活用する方法について語ります。彼は、多くの障害を抱えてこの世に生を受けました。小人症を煩い、車いす生活を余儀なくされている彼ですが、数々の困難を乗り越えて、現在は世界中で講演し、多くの人たちに情熱とパワーを与え続けています。

■トニー・シェイ Tony Hsieh

（ザッポスCEO）

画期的なオンライン靴小売企業であるザッポスのCEO、トニー・シェイは、2000年からわずか8年間で1億円の年商を1000億円まで育て上げた、若手経営者です。彼の経営は利益を出すだけではなく、顧客や社員、また取引先や関係者の幸福をも実現することでも知られています。彼の「画期的なマネジメント」を同社の軌跡を辿りながら語ります。

■エブン・ペーガン　Eben Pagan

（最速で10億円ビジネスを作り上げる起業家）

オフィスを持たずスタッフを持たず、インターネット上だけで年商25億円を売り上げる彼は、いまや情報起業においては伝説的な人物となり、数千人を超えるビジネスパーソンにインターネットを用いたビジネス構築をトレーニングしています。

■ビル・ハリス　Bill Harris

（『ザ・シークレット』出演者　世界的セラピスト）

世界的ベストセラー『ザ・シークレット』の出演者でもあり、世界的セラピストであるビル・ハリスは私たちが生きる現代には、「第四の波」が到来していると言います。彼は第一の波は「農業の時代」、第二の波は「産業革命」、第三の波は「知識情報化社会」ととらえ、第四の波は「人間性の時代」であり、本質的なものが重要視される世界が来ると予見します。

■F・W・デクラーク　Frederik Willem de Klerk

（元・南アフリカ大統領　ノーベル平和賞受賞）

「アパルトヘイト」廃止に尽力したデクラークは変革の重要性について語ります。私たちが本質的な問題を解決するとき、そこには変革がともないます。起こる問題に対して、変化し、乗り越えていくための叡智を、南アフリカの変革で培った実践をもとにご紹介します。

■ダライ・ラマ法王14世　Dalai Lama

（チベット仏教最高指導者　ノーベル平和賞受賞）

本書の最後を締めくくるのは、チベット仏教の最高指導者であるダライ・ラマ法王14世です。物質的に豊かになった現代が過去に取り残してきてしまった心のあり方を、宗教的な信仰の枠を超えて、実践的な哲学として私たちにわかりやすく伝えてくれます。

彼ら6名は、それぞれ専門も立場も異なります。

しかし、私たちは、大いにバラエティに富み、雑多で、複雑な現実世界を生きています。

このような現実で、より良く生きるためには、**「これまでの自分では選択してこなかった可能性に目を向けてみること」**が必要です。そこで今回は、分野を超えた人物とメッセージをご紹介したいと考えました。心を開いて読み進めていただければと思います。

本書があなたの人生に、より良い結果をもたらすように…願いをこめて。

『賢者の言葉』推薦者の言葉（50音順）

●私たちが生きていくうえで、大切な「心」のコントロール、悩んだり落ち込んだときに、そして大きな夢を持って輝きたいとき、この本は大きな心の栄養になると思います。読後、優しく温かい気持ちに……そして勇気をもらえます!!

ビジネスボイストレーニング「ビジヴォ」
代表　秋竹朋子

●私は30年近く、成功した経営者の方々に数多く出会ってきた。成功した彼らに共通している点は「挑戦し、行動を起こしている」ということ。まさに世界のトップレベルのリーダーの言葉に、多くのヒントがこの本にはあった。必読の書である。

ファーストヴィレッジ株式会社
代表取締役社長　市村洋文

●世界トップリーダーの思考と選択・行動から導かれたメッセージは、大きな気づきと勇気を与えてくれる。自分自身の生きるべき道がさらに明確になることだろう。そんな賢者の言葉を、人生の羅針盤として多くの人に読んでいただきたい。

いのうえ歯科医院　理事長
井上裕之

●どんなときも、世界で今何が起きている

のか理解することは良いことだ。このすばらしき本は、最前線で活躍する世界的リーダーたちの説得力ある思想を示している。手に取ることを大いにお勧めする。

リアル・ピープル・ミュージック　設立者
エドウィン・コパード

●人生はいつも「二者択一」だ。勉強するか、しないか。挑戦するか、しないか。勇気を出すか、出さないか。上を見るか、下を見るか。好きか、嫌いか。進むか、止まるか。やるか、やらないか。成功したいか、このままでいいか。これらの二者択一の向こうに、さらに、無限の二者択一が待っている。迷ったり、わからないときは、この本を読むといい。でも、今この本を読むか、読まないかは迷ってる場合ではない。

株式会社ドリームワン代表
（元フジテレビプロデューサー）　王　東順

●「万理一空」。これは「すべての理（ことわり）はひとつの空に帰する」という意の宮本武蔵の言葉である。本書の賢人たちをはじめ、科学、宗教、哲学など分野を問わず、歴史上の「賢人」たちは、「一空」を探求し続けてきた。今、我々、ひとりひとりも、そのベクトルをしっかりと持つことが大切なときである。

九州大学　教授
岡田昌治

●「ひとつの事象をさまざまな角度から見ることができる〝多チャンネルな目〟を持っていること」これは、人生を豊かに生きるヒントのひとつだと、私は、思っています。この本は、その多チャンネル的視点を、一瞬で手に入れることができる本ですね。

有限会社イー・グルーヴ　代表取締役
プロデューサー　加藤一郎

●思いを形にする方法や知恵がわかりやすく書いてありますね。毎日の出来事を今よりも、もっと楽しくとらえることができるようになりました。がんばる女性のみなさんにも読んでもらいたいです。

有限会社オフィス・フォーハウト
代表取締役　川上美保

●前向きな読者たちが自身のビジネスにおいて、今、最も必要な情報、タイムリーなテーマが満載です。

ソーシャル・マケッター
キャロル・コーン

●崇高なトピックを扱ったすばらしい啓蒙書です。読者たちが将来起こすアクションに心から期待します。

ベストセラー作家／ビジネスコンサルタント
ギャレット・ガンダーソン

●「あ、この本はいいな。」と思った。本当に役に立つ本と、売れる本は違う。これは本当に多くの人の人生を変え、その影響でまわりの人が変わり、会社、地域、社会、文化に変化をもたらす。そんな価値のある本だね。一流なんて1％もいない。99％が普通の人だ。そして99％は常識に生きている。成功者、リーダー、歴史に名を連ねる人は1％以下の少数派。常識とは正反対な人がほとんどだ。君よ、あえて人と違う人になれ。そして君の人生にも劇的な変化を起こせ。

日本のアンソニーロビンズ／
クリスファミリー会社　総代表取締役
ライフチェンジのスペシャリスト
クリス岡崎

●言葉には、人を動かす力があります。その中でも、名言は私たちにとっての燃料です。そして普通の名言はガソリンのようなものですが、本書に出てくる賢人の名言はジェット燃料のごときパワーがあります。そう、あなたの世界を変える言葉が詰まっています。

株式会社プレミアム・インベストメント&パートナーズ　代表取締役　午堂登紀雄

●すべての経営者に必要な知恵と叡智が、この本の中に凝縮されています。6人の賢者による、より高い視点からのメッセージをもとに今すぐアクションを起こされるようお勧めします。

バブ(VAV)倶楽部　会長　近藤昌平

●賢者との出会いがなければ、本当の成功はない。本書を通して、あなたは多くの賢者と出会い、生活の悩みを解決し、幸せを手に入れるに違いない。推薦できることは光栄である。

『愛の億万長者』著者　ジェームス・スキナー

●何かをなし遂げたり、何かを乗り越えてきた先人の言葉には、人生を向上させる知恵とエネルギーが宿っている。本書には、人生のさまざまな側面におけるヒントが詰まっている。

ラーニングエッジ　清水康一朗

●賢者たちの顔ぶれにビックリしました。まさに人生大学のテキストと呼べる本です。

ニューヨークタイムズ/ベストセラー作家　ジャネット・アトウッド

●あなたは、宝の引き出し(マスターたちの知恵が詰まったすばらしい本)を目の前にしています。

国際ディマティニ・インスティテュート　創立者
教育者／著者／コンサルタント　ドクター
ジョン・ディマティーニ

●現代において、我々は膨大な情報や知識の奔流の中に置かれています。それゆえに、それらの価値を見極めるための鑑識眼を涵養することがますます重要となりはじめています。ここに収録された叡智の言葉は、そのための貴重な支えとなることでしょう。

『インテグラル・シンキング』著者
鈴木規夫

●この本には、世界で現在活躍しているいろいろなパターンの成功者がバランスよく紹介されています。繰り返し読んで自身に落とし込み、独自の成功パターンを持ち、成功への情熱を持続させてください。定期的に読み込むことによってあなただけの成功が可能になります。

『加速成功』著者／
ビジネスプロデューサー
道幸武久

●いつの時代も、賢者は常に賢者から学んできた。その経験と知識から得られた珠玉の言葉は、人を動かすパワーを持っている。目標達成へのヒントが満載の本書を繰り返し読むことにより、あなたのビジョンが明確になるだろう。

『お金持ちにはなぜ、お金が集まるのか』著者
鳥居祐一

●人類は今、エネルギー資源を再び探しはじめています。人類の進化の歴史は、エネルギー資源を求める旅でもありました。そして、究極のエネルギー資源を見つけました。究極のエネルギー資源は、言葉でした。自らを動かすエネルギーが、詰まっています。

作家　中谷彰宏

●理念と目標と実務、中小企業経営においてこの3つのバランスをとるのがとても難しく、私自身20年近く苦しんできたのですが、この本でやっと解決の糸口がみえました。

有限会社長谷商事　長谷　豊

●さまざまなことが急速に進化し変化していく現代、〝やり方〟は変われど、やはり大切なのは変わらぬ自分自身の〝あり方〟であると、改めて感じました。多くの方に自分の指針となる〝あり方〟を考えるために手に取っていただきたい1冊です。

有限会社クロフネカンパニー
代表取締役　中村文昭

●僕たちが何かを学ぶとき、そこには必ず師がいます。でも僕たちはみんなとても個性的で、違った形をしているから、誰からでも学べるわけじゃありません。本書は、より良く人生を生きるコツを6つの視点で語っています。あなたにぴったりとくる師に出会える貴重な機会であると思います。

世界一の素質論インストラクター　名倉　正

●この本を手にとった時点で、「成功」の50％は手に入れています。なぜなら、賢者の言葉には魂をふるいたたせ「成功」に導く大きなパワーを秘めているからです。残りの50％は、私たち自身が、どう感じて、どう行動するかなのです。DVDと合わせて見ることで、その思いは現実に変わると信じています。

「TSUTAYAビジネスカレッジ」
エグゼクティブプロデューサー　西園直広

●賢者とは、「本当の自分」が何者か、わかっている人のこと…。それさえわかれば、今、自分が何をすべきなのかも、自ずとわかってくるはず。「本当の自分」を思い出すためにも、あなたもぜひ、「賢者の言葉」に触れてみてください！

作家／スピリチュアルコーチ
はづき虹映

●本書は読者を飛躍するための探求へと導く。金銭的な富への道標を明示してくれることはもちろん、それ以上に重要なのは、あなた自身をより豊かにしてくれるということだ。どのような状況にある読者も、実生活において有効な洞察を体験することだろう。

21ファウンデーション　創業者
パトリック・ニューウェル

●いまや私たちは世界中の成功者や指導者から直接学ぶチャンスを得ている。この本はわかりやすく実直なチャンスなのである。読めば、さらにすばらしい人生になるだろう。

国際起業家／『自分を超える法』著者
ピーター・セージ

●貨幣経済から貢献経済へ、私たちの社会は変化のときを迎えています。自分らしい貢献スタイルで、それぞれの人が最高の貢献をしあう、そんな社会への変化。賢者からのメッセージも、それぞれの立場からの最高のプレゼントではないでしょうか。本当に価値のあることが、シェアされていく、これからの時代のために、すばらしいメッセージをありがとう！！！

株式会社チームフロー　代表取締役／
金メダリスト・メンタルコーチ
平本あきお

●心の幸せ、世界の幸せ、そして世界の変革についての本です。私自身、本当に多くの気づきをいただきました。

幸せ研究家／『ザ・シークレット』出演者　マーシー・シャイモフ

●賢者は常にシンプルで執着がない。ダライ・ラマ14世は大きな慈愛に満ちて国境や人種に境を持たず活動している。無駄や我欲、感情のコントロールをこの書で教えてくれる。それは悩める人の安定剤のようにやさしく染み込む。人間の一番大切なこととはどんな人にも平等に尊厳を与えられていることに気がつく書であると思う。

美術評論家　松岡久美子

●「自分に本当に必要なものはなんだろう？」。そんな問いかけをしながら、この本を読み進めていくと、今と未来において、最も本質的で大切なものが手に入ります。そして、この本にもたくさんの良質の「質問」が隠されています。あなたは、いくつ見つけることができましたか？

質問家　マツダミヒロ

●個人から地球レベルまで、誰もが本当に栄養に感じるグローバル社会を実現したいあなたであれば、この賢者たちの豊かな経験に基づいた声に、今、耳を傾けることがとても力になると思います。大切に感じます。あなた自身が持って生まれてきた大切な使命を、ますます自分らしくより全面的に表現する大きなきっかけにもなるでしょう。

「ハーモニープラネット」の基盤となる原理「無限レンズ」の創始者　ミシェル・ニューポート

●20歳のころからダライ・ラマ法王を敬愛

しています。彼の言葉は優しくて愛に溢れ、ゆったりとした呼吸に存在だけで癒されます。この本におさめられている賢者たちの言葉は、実に簡単でわかりやすい。それは、この世に起こる出来事はシンプルなんだという本質を教えてくれているように思います。

iwalk（アイウオーク）代表
みのわあい。

●さまざまな分野で影響力のある賢者は、前向きでビジョナリーで、どうしたらうまくいくかひたすら考え実行してきた人たちであると感じました。賢者の言葉は、仕事に役立つだけでなく、人生の大きな学びになりました。

NPO法人かものはしプロジェクト
村田早耶香

●読書の醍醐味は、著者の魂や叡智と対話を繰り返し行なえることにあります。6人の賢者との対話を通じて、今まで見落としていた人生のすばらしさやあなたの可能性に本書は気づかせてくれるでしょう。

著者／「夢を叶える宝地図」提唱者
望月俊孝

●『先が2つある針では上手に縫えない』――ダライ・ラマ法王が紹介してくれた、かくも短い至言からも、自らの人生やビジネスを自省するきっかけを与えてくれる。6人の賢者が、それぞれの経験と流儀に基づいた言葉で、読む人の心を研ぎ澄ませてくれる。

環境とCSRと「志」のビジネス情報誌
『オルタナ』編集長　森　摂

●誰にでも、自分に自信をなくし、迷ってしまったり、一歩を踏み出せないときがあると思います。そんなとき、ひとりの人との出会いや、1冊の本が、ひとつの言葉が、人生を大きく変えることがあります。本書は、そんな『人生を変えるキッカケ』をくれる本です。

―夢―実現プロデューサー　山崎拓巳

●ダライ・ラマ法王が人生において最も大切になさっていることは、人間の価値の促進、宗教間の調和です。この中で、特に大乗仏教の教えの真髄として、慈悲の心、おもいやり、許しの大切さを教えております。この法王の短い言葉をとおして、幸福を願う、ひとりでも多くの方々の心の支えになることを切々に願っております。

ダライ・ラマ法王日本代表部事務所
代表　ラクパ・ツォコ

●ときに、叡智に満ち溢れる本が著されることがある。本書は間違いなくその1冊であり、この教えを探求し深く味わうことを勧めたい。ページごとに記された言葉を何度も繰り返し読むことで、あなたの人生は祝福されたものとなるだろう。真の叡智がここにある。

国際エグゼクティブコンサルタント
ロイス・N・クルーガー

●志のある人たちに贈りたい。見識ある成功本と表現できるすばらしい本です。

海洋アーティスト　ワイランド

chapter 1

The words of Sean Stephenson

ショーン・スティーブンソン

［身長90cm　車いすのモチベーター］

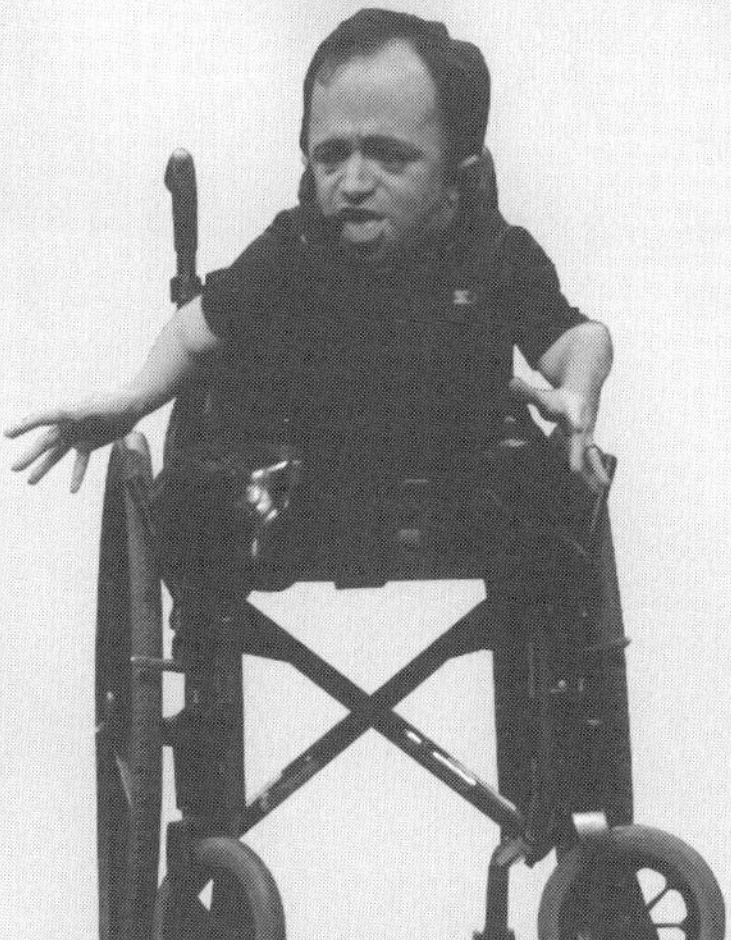

The words of
Sean Stephenson

「アメリカ大統領に
なりたい」という
強い思いが、
私をホワイトハウスでの
仕事に導きました

子どものころの夢は、アメリカ大統領になること

私の身長は、現在90㎝。そして「車いす」に頼らざるを得ません。

生まれていきなり医者から「死」を宣告され、生き延びたものの、18歳のときには、クシャミなどによって起きる２００回以上の骨折を経験しました。

そんな、私が12歳のころ、テレビを見ていると「ある曲」が流れてきました。

『Hail To The Chief（大統領万歳）』。みなさんも聴いたことがあるかもしれません。とくにアメリカの方々は。

アメリカ大統領がステージに上がるとき、その曲がかかるからです。

子どもだった私は、テレビの向こうで、この曲がかかるとすぐに、みんながいっせいに立ち上がるのを見て、考えました。

「僕もあの仕事がしたい。あれが僕の仕事だ！　大きくなったらあの仕事に就くぞ」

当時はいろいろな人に「大きくなったら何になりたい？」と聞かれました。彼らは「学校の先生」「お医者さん」「弁護士」といった答えを期待していたようですが、

私はこう答えたのです。

「アメリカの大統領になりたい」


そこで、アメリカの大統領になるために必要なことを調べはじめました。わかったのは、35歳以上でなければなれないこと。若い私には十分な時間がありました。

さらに必要なことを調べました。政治や地理、人間関係などを理解すること。それから、人を買収する方法を知っておくことも大切です……これは冗談です（笑）。


とにかく**アメリカ大統領になるには、人生で「数多くのこと」を理解しておく必要がある**のです。

大学に入ると、「ホワイトハウス」での仕事に応募する機会に恵まれました。

「ホワイトハウスで仕事をすることは私の次のステップだ！　将来そこに住むことになるのだから、部屋の内装を下見しておくのもいいかもしれない」と思いました。

私は応募しました。今でも「返事の手紙」が来たときのことをよく覚えています。


みなさんは、その後の人生を左右するような、少なくとも大きな影響を与えるような「手紙」を受け取ったことがありますか？　私の脳はどういうわけか、封筒の中身を鼻で嗅ぎ当てられると思っているようです（笑）。手紙を鼻に近づけると、「ああ、これはいい知らせだ」と感じるのです。私はその封筒を開けました。

ホワイトハウスからの手紙といっても、凝ったものではありません。ただの真っ白な紙の隅に「ホワイトハウス」と書かれているだけです。

手紙にはこう綴られていました。

「ショーン・スティーブンソンさん、おめでとうございます。あなたはアメリカ大統領のそばで働けることになりました。２カ月後からの開始です。お会いできるのを楽しみにしています」

「アメリカ大統領になる」という子どもの頃の夢に一歩近づいたのです。

ビジョンを持つことで
閉ざされた
ドアの向こうにある
「真の求めるもの」
が手に入ります

大統領の護衛部隊に銃を向けられて

「ホワイトハウス」にはじめて足を踏み入れた日のことを、今でも覚えています。

そのときのことをお話ししましょう。私は廊下を歩きながら「ジョン・F・ケネディもこの廊下を歩いたんだ。エイブラハム・リンカーンもこの廊下を歩いたんだ」と考えていました。そしてまわりを見ては、こう思いました。「あの絵はもう少しこっちにずらしたほうがいいな。まあいいかな」。

ところで、ホワイトハウスで私がとくに気に入っていることがひとつありました。大統領が海外からホワイトハウスに帰ってくるときに「巨大なヘリコプター」であらわれることです。私たちが帰宅するときのように、車で戻ってきたりはしません。ヘリコプターは、スクールバスのように大きく、深い緑色をしています。上部は白く、後部には大きな星条旗があります。このヘリの音は何マイルも先から聞こえます。

あるとき私は思いつきました。「そうだ、いい考えがあるぞ。大統領が帰ってくるとき、裏庭で待っていよう。別に悪いことじゃない」。そこで自分と大統領のスケ

ジュールを見比べて、大統領が帰ってくる時間にその場にいられるように計画しました。仕事をしていると、ヘリの音が聞こえてきました。私は大統領の元に向かいました。

目指したのは南側にある「庭」、大統領のヘリが着陸する場所です。けれど、その庭に出るドアは閉まっていました。ドアを開けるための「身体障害者用のボタン」もどこにもありません。私は思いました。

「これは人生を閉ざすドアだ。この閉ざされたドアの向こうに行かなければならない」

気持ちは、駄々っ子のように「外に出たい！」と焦るばかりです。ヘリの音が大きくなってきました。私は考えました。「ショーン、お前は頭がいい。できるはずだ。物理の理論を使うんだ。勢いだよ。僕は体重が45ポンド（約20㎏）はある。このドアは突破できる」。

私は固く閉ざされたドアを見つめ、アスリートになったつもりで、「なんだよ？

お前なんかどうってことないさ！」と考えました。気持ちを高め、心を決めました。そしてドアに向かって突き進み、「バーン！」と体当たりしました。

ドアは開き「無事に外へ出られた！」と思いました。けれど、ヘリからの風が強く、私は官邸内に押し戻されそうになりました。「ああ、なんてこった」と思いながら、必死にもがいて前に進みました。

やっとのことで外に出ると、後ろでドアが閉まりました。

私はくたくたでしたが、「思ったほどでもなかったな」と思いました。

何か大変なことが起きたあとでも、落ち着きを取り戻すと「何でもなかった」と思うことがあるでしょう。そんな心境でした。

私がやっと成功したと思ったそのとき、突然ヘリが下りてきて、視界に何かが映りました。庭にある木が、1本だけ違う動きをしているように見えました。

少し目を凝らすと、12人の軍服を着た男たちがロープをつたって下りてきているのだとわかりました。彼らは私に向かって走ってきていました。しかも巨大な「マシンガン」を手にして。もちろん、笑い話ではありません。

自分の胸を見ると、「赤いレーザーの点」がいくつか当てられていました。私は思いました。「これはまずいぞ」。そして、その男たちをじっと見つめました。

彼らは「ＥＲＴ（緊急対応部隊）」と呼ばれる部隊です。ホワイトハウス内にいて、すでに「シークレットサービス（要人の護衛）」をクリアしていた私を待ち受けていたのは、大統領の最後の護衛部隊であるＥＲＴだったのです。

彼らは私に向かって走ってきました。私は考えました。「ヘリのところまで行かなければ。大統領なら私を知っている。でもこの人たちは私のことなんて知らない」。お気づきでない方もいるかもしれませんが、私は走れません（笑）。しかしそのときは夢中でした。ヘリを見て、護衛部隊を見て、私は進みました。「アー！」と叫びながら、ヘリに向かって突進しました。

ついにヘリのドアが開き、大統領が堂々と下りてきました。大統領は私の目をまっすぐに見つめました。そのまっすぐな目を見て、私はふいに思いました。

「ビジョンを持たねばならない」と。

「ビジョン」があったから、ほしいものを手に入れられた

自分が人生で何を求めているのか、人は「ビジョン」を持たねばならないのです。

みなさんも、「人生を閉ざすドア」に直面したことがあるでしょう。プレッシャーを感じたこともあるでしょう。人に足を引っ張られたことがあるでしょう。

そんなとき、「こんな疑問」を持ったはずです。

「私にできるのか？　何かを達成することは可能か？　私がやっていいのか？」と。

そして、ほしいものが簡単に手に入らないとき、頭の中で「こうしたゲーム」をしているはずです。「自分をあきらめさせるゲーム」です。

「この道が閉ざされているのは、きっと私には手に入らないものだからだ。私には達成できないことなのだ」。

人に足を引っ張られて、「誰かほかの人が手に入れるべきものなのかもしれない。

Sean Stephenson
ショーン・スティーブンソン

私ではなく」などと考えてしまうのではないでしょうか。

私が、さまざまなものを克服し、今までやって来られたのは、**「自分が求めるものをビジョンとして明確化していたから」**なのです。

セラピストになって約8年が経ちます。それまでも、プロのスピーカーとして、「人にアドバイスする」のはうまくなっていました。しかし、「聞き上手」にもなる必要があると気づきました。とても大事なことです。

そこで、セラピストになるために学校に通って、人間の心理を学び、「私たちが真に求めるもの」の正体がわかりました。

今日は、これから「真に求めるものを手に入れる方法」をお話ししたいと思います。

The words of
Sean Stephenson

人が「つながり」を感じるのは、「相手が自分のことを大事にしてくれていると感じた瞬間」です

「つながり」を感じる人とは「自分を気遣ってくれた人」

13年間スピーカーとして活動する中で気づいたのは、みなさんと交流するには「2通りの方法がある」ということです。

ひとつは「コミュニケーション」です。

コミュニケーションとは「情報を交換すること」です。携帯電話だってコミュニケーションできるし、パソコン、ファックス、ツイッター、フェースブック、マイスペース、リンクトインなど、情報を交換する手段はたくさんあります。けれど、どの手段を使っても、情報交換だけでは心の中にはいつもむなしさが残ります。

パーティーに参加し、「まわりに人は大勢いる」のに孤独を感じたことがあるでしょう？　大勢の人と情報交換したからといって、喜びを感じるわけではないからです。必要なのはもうひとつの要素、「つながり」です。「つながり」とは何でしょうか？情報の交換ではありません。つながりとは「人間性の交換」です。あなたと私の「人間性を交換すること」なのです。

つながりとは、

「相手が自分のことを大事にしてくれていると、感じた瞬間」

に生まれます。今、思い出してください。子ども時代の先生、保護者、親、指導者など、あなたを現在のようなリーダーに育ててくれた人のことを。目を閉じて、その人を思い浮かべてください。

その「つながりを感じる人」はおそらく、すばらしい方法で「情報を提示してくれる人」でもなければ、「最高の授業計画を立てた教授」でもなかったはずです。そのつながりを感じる人は、「自分を気遣ってくれた人」だったはずです。

「気遣ってくれていると、感じさせてくれた人」

だったはずです。

私もみなさんを気遣っています。理由は必要ありません。「相手に愛情を抱くこと」に対して、許可を得る必要はないからです。

愛するべきは「その人の行動」ではなく、「その人自身」

私はセラピストになったとき、精神面でも「ある誓い」を立てました。「すべての人を平等に愛する」ということです。これは、とても難しいことです。この世界には「腹の立つ人」がたくさんいるのですから。

けれど、私は「人間ひとりひとりを平等に愛する」ことに決めました。

「理由」をお話しましょう。たとえば、私のセラピーを受けにきた人が、こう言ったとします。

「私は子どもに性的虐待をしてしまいました。どうか助けてください」と。

その人に対し、セラピストである私がこう言ったらどうでしょう。

「あなたは気持ち悪くて、間違っているし、悪い人だ。出て行ってください」と。

配偶者を虐待している人に対してはどうでしょう。

「あなたは気持ち悪くて、悪い人で、不道徳だ。ここから出て行け」と。

……はたして私はその人に「影響」を与えられるでしょうか？　では、この人は、いったいどこで「更生」すればよいのでしょう？　ただ刑務所へ入ればすむことなのでしょうか？

さらには、刑務所にいる「囚人」に対してはどうでしょう？

「あなたは間違っている、悪い人だ、そんなことすべきではなかった、一生かけて償うんだぞ、助けてなんかやらない」などと言ったらどうなりますか？

その人は「更生」するのでしょうか？　しませんね。

……**「人間のすべての行動」を愛する必要はありませんが、その人自身ひとりひと**

りを平等に愛さなければなりません。

以前、私がカフェにいたとき、小さな女の子が列に並んでいる人全員に、「ハグしていいですか?」と言ってまわっているのを見かけました。全員がまったく見知らぬ人たちです。

その光景を見て私は考えました。「私たちにもあんな勇気があったら人類はどんな風になるのだろう? 『みんなを平等に愛する』という私の誓いをすべての人が持ったら、どうなるのだろう?」と。

私は、全世界の人々が、「みんなを平等に愛する」「人間というものを平等に愛する」ことを願っています。

私たちは全員が
「地球」にいる
運命共同体です。
だからこそ、
地球が良くなるための
「ビジョン」を
持つべきなのです

あなたにも世界を変えることができる

さて、みなさんには「ビジョン」が必要です。私たちは「地球のためのビジョン」を描く必要があります。でもそれが「自分のためだけのもの」ではいけません。「お金をこのくらい稼いで、子どもにはあれを実現させて、ビジネスではこれを達成して」という自分のためだけの欲望は、「ビジョン」とは言えません。

私が言っているビジョンとは、もっと「大きなもの」です。

「あなたは人類の歴史に、どのような痕跡を残しますか？」

「あなたは今から死ぬまでの間に、地球にどのような貢献をしますか？」

あなたには「力」があります。テレビに出ている人を見て、「世界を変えるのはあの人たちだ。私には何もできない」と決めつけてしまうのは簡単なことです。

しかし、私とあなたには何の違いもない。これからそれを証明してみましょう。

人はつながりや愛を感じられる「感情」を持っている

私たち人類には、「2つの共通点」があります。

まず、「感情」があります。私はみなさんとの「つながり」を感じ、「理由もなくみなさんを愛せる」のです。

私も愛する人のお墓の前で泣いたことがあり、「この人は私を愛していないのだろうか」と吐き気がするほど悩んだことがあり、「今月、支払いが間に合うだろうか」と不安になったことがあり、「この病気は治るのだろうか」と疑問を抱いたことがあり、「この人は私を大切に思ってくれているのだろうか」と心配したことがあります。

私も、悲しみ、恐れ、孤独、拒絶、愛、を経験してきました。

けれど、「あなたの苦しみはわかります」と言うために、これまでの過去13年間ステージに立ってきたわけでもありません。

私には、みなさんの苦しみを100%理解することはできません。みなさんの両親に育てられたわけでもなければ、地元が同じだったわけでもないでしょう。同じ教育を受けたわけでもなければ、体も違います。

私が得意なのは、ただひとつ、「自分でいること」です。これはとてもうまくできますし、私は「自分でいること」が大好きです。

自分でいることが好きなのは、「一生懸命努力しているから」です。楽そうに見せる努力を一生懸命しているからです。この身体障害者の体でいることは「楽」なことではありません。これについては後ほど詳しくお話しましょう。

さて、私たちの２つの共通点のうちのひとつ、「感情」を念頭に人と接すれば、「隣にいる人が単なる自分の想像物ではなく、実際に存在しているのだ」と実感できます。私たちは全員、地球に存在して、「運命共同体」なのです。したがって**「この地球がどうなれば望ましいのかを明確にしたビジョン」**を持つべきであり、さらには、「ビジョンの実現に向けて動き出すこと」が大切です。

The words of
Sean Stephenson

すべてに自分が責任を持つことで、人生を制約する「3つの〝でも〟」から抜け出せます

3つの「でも」が行動を制約している

私はセラピストで、たくさんの人を診てきました。私のセラピーのやり方は独特なもので、患者さんとは一度しか会いません。ですが、その1回に15時間続けてセラピーをします。

患者さんの中には、「疲れ果てたお金持ちの人」が多くいます。ＣＥＯや事業主、セールスの仕事をする人たちなどです。

彼らは「富を築く過程」で、健康や幸せ、目的意識を損ねてしまっています。「目的意識」が消えてしまうと、気力も減退しはじめていきます。

セラピーを重ねる中で見えてきた「私たちの2つの共通点」のもうひとつは、とても暗く、ネガティブで、私たちの行動を制約してしまうものでした。それは、

「でも」

です。

これによって私たちは夢をあきらめたり、すばらしい愛をつかみ損ねたり、豊富な資産を構築できなかったりするのです。

その「でも」には3つの種類があります。

①「言い訳のでも」、②「失敗のでも」、③「自分の能力への自信のなさのでも」です。

ひとつ目は、「でも」という言葉ではじまる「言い訳」です。

・「でも時間がないんだ、ショーン」
・「でもエネルギーが、資源がないんだ、ショーン」

そう言っている間は、「言い訳」から抜け出せません。

私たちの行動を制約する、2つ目の「でも」は、「失敗のでも」です。

・「でも失敗したらどうしよう」
・「でも格好悪かったらどうしよう」
・「でもみんなをがっかりさせたらどうしよう」

というように「でも〜したらどうしよう」という形をとります。

最後の「でも」は、もっとも大きなもので、私はこの「でも」を地球上から撲滅することに勢力を注いでいます。

それは「自分の能力への自信のなさのでも」です。それは、「でも私は〜じゃない」という風に表現されます。

・「でも私は背が低いから」
・「でも私はきれいじゃないから」
・「でも私は頭がよくないから」

といったもので、「自分には生まれたときから何かが欠けている」という思い込みが、この地球上で「もっとも有害な考え方」なのです。

私は身長が90㎝ですが、この自分の体が大好きです。「こういう体なのだから仕方がない」とただ受け入れているのではありません。この体が本当に「大好き」なのです。なぜなら、多くの人にできないことが、私にはできるからです。

髪をツンツンに立てたり、ピアスを顔中に開けたりしなくても、目の前にあらわれるだけで「私は一瞬で人から覚えてもらえる」のです。これはギフトです。これは私の大きな「強み」なのです。

「自分の人生のすべてに責任を持つ」ことで「でも」から抜け出せる

今の世界を動かすには、「でも」を捨てて、腰を上げなければなりません。私たちが陥りやすいのは、「でもに満足してしまうこと」です。**「でも」が大きくなりすぎて、「そこにい続けることが快適」になってしまう**のです。

というのも「でも」は「さまざまな厄介事」から私たちを解放してくれるからです。

「ショーン、そうしたいのは山々だけど、でも……、あぁ。でもそれはできないよ。あなたの著書を買いたいし、セミナーにも出たい。ともに時間を過ごしてあなたのことをもっとよく知りたい……でも、私は今のままで満足しているから」

この例のように「でも」の上にどっかりと腰を下ろしてしまうと、あなたは退化しはじめます。

「でも」に腰かけている時間が長ければ長いほど、あなたは弱くなります。

ビジネスパートナーとして組みたいと思う人の人物像があり、理想の恋人像や家族

像もある。しかし、立ち上がってほしいものを追いかける「強さ」が持てないのです。

私は、誰ひとりとして、「弱い人間」になってほしくはありません。ですから、どうか「でも」「でも」から抜け出してください。

「でも」から抜け出す方法…、それはひとつしかありません。それは、自分の人生や健康、成功、人間関係、

「そのすべてに、自分が責任を持つ」


ことなのです。

「世界があなたを必要としていること」に気づけば、大量のカフェインにも勝るエネルギーがわいてくるでしょう。

The words of
Sean Stephenson

「自分にとって
もっとも厄介な人々」
とつながることで、
今まで見えなかった
「ピース（一面）」
が見えてくる

人との「つながり」こそが、人が立ち上がる筋肉を鍛える

立ち上がるためには、「立ち上がるレッスン」をして筋肉を鍛えなければなりません。

もちろん、立ち上がろうとすると、困難に直面することになります。それは「あなたの行動を止めようとする人」が出てくるからです。自分の健康や資産、人間関係などに責任を持とうとすると、「僕があなたなら、そんなことはしないな」と誰かに言われたことはありませんか？　否定的な彼らは、ここぞとばかりに反対するのです。

ここで大切なのは「ビジョン」です。自分の夢に向かって立ち上がるのです。

もうひとつ、立ち上がるときに大切なのは「つながり」です。けれど、「自分のファンクラブ」とばかりつながっていても仕方ありません。

ファンクラブとは、たとえば、あなたの家が火事で燃えてしまったりしたら、真っ先に駆けつけてあなたの背中をなでながら、「これにも何か教訓があるはずよ。今夜はただ火を見つめることに意味があるのかもしれないわ」と慰めてくれるような人たちです。

彼らは「あなたならやれる！　火事、バンザイ！　破産バンザイ！」などと書かれたTシャツを着てあらわれるでしょう（笑）。けれど、「つながり」を持つべきは彼らではありません。彼らとは、もう、すでに「つながっている」のですから。

つながるべきは、「自分にとってもっとも厄介な人たち」

つながるべきは、「別のグループに属する人たち」です。それは「自分にとって、もっとも厄介な人たち」です。ダン・ミルマン原作の『ピースフル・ウォリアー』という映画があります。すばらしい映画です。この映画の中で**「もっとも愛しにくい人が、実はいちばん愛を必要としている」**という言葉が出てきます。

大学時代、児童心理学の授業をとったときに、私はこの言葉について学びました。毎週小学校に出向き、幼稚園から小学6年生くらいまでの子どもたちに教えていたときのことです。この年齢の子どもたちを教えるのはとても楽しいものでした。

ある日、私は体育館のバスケットコートに子どもたちを集め、「自分を愛すること」

や「隣人に親切にすること」など、子どもたちのためになる話をしていました。その途中のことです。50人の子どもたちの中から、何かが飛んできて、私の右のこめかみに当たりました。

床を見ると、「靴」が落ちていました。靴は空を飛ぶものではないはずです。私は部屋を見渡し、靴を履いていない子どもを探しました。そして、やっと見つけました。その子は腹を抱えて大笑いしています。

私は激怒しました。靴を投げた子は笑い転げ、私のこめかみには、大きなコブができました。その間、ほかの49人の子どもたちはどうしていたでしょう。静かに座ったまま、「ショーン、あの子は自分を見失っているだけ。あなたがきちんとしつけをする間、ここに静かに座って待っています」と言ったと思いますか?

そんなはずありません。竜巻の中でピンボールが弾かれたような騒ぎになりました。体育館中を子どもたちが走り回り、手が付けられない状態になってしまいました。そのうちに、やっと親御さんたちが子どもたちを迎えにきて、ひとりずつ帰っていきました。

私は最後に残った子どもと2人きりで45分間を過ごさねばなりませんでした。最後に残ったのはどの子どもだったと思いますか？　そう、靴を投げた子です。彼は私にとっての「悪魔」だったに違いありません。

私は思いました。「あんなに子どもがたくさんいるのに、なぜこの子と2人きりで残っていないといけないのだろう？」。ようやく裏口が開いて、年配の女性がよろよろと入ってきて言いました。「帰る時間よ」。その男の子はサッと立ち上がって、「ショーン、またね」と言って急いで帰っていきました。私は駐車場に止めてあった自分の車に向かいながら、苛立ちと失望を感じていました。

車にたどり着く直前に、後ろから声が聞こえてきました。「ショーン、待ってくれ」。校長先生でした。「ショーン、子どもたちはどうかね？　君の教えているクラスは？」。私は答えました。「かわいい天使ですよ。ひとりを除いては」。校長は「ショーン、誰のことを言っているのかはわかるよ。**あの子どもについてもう少し知るべきだね**」と言いました。

私は「いいえ、知る必要はありません。あの子は手のかかる子で、私はそれに対応しなければならない…とわかっていますから」と返しました。

すると校長は言いました。「いや、ショーン、まだ君の知らないことがある。あの子の父親が今から1年ほど前に、あの子の母親を殺したんだ。あの子の世話をしてくれる身内はおばあさんしかいない。おばあさんはあの子の世話をするために仕事を2つ掛け持ちしている。だから迎えがいつも最後なんだ。そして、あの子は家にいるときは、いつも、ひとりぼっちでテレビを見て過ごしているし、普段学校に持ってくるランチも、小さなお菓子と缶ジュースだけだ。このことについて、君も知っておいたほうがいいと思ってね…」。

これを聞いて、あの子どもに「靴」を投げ返したいと思う人はいるでしょうか？おそらくいないでしょう。理由は「パズルのピース（一面）」がひとつ増えたからです。別の一面が見え、全体像が明らかになってきたからです。

ひとつの行動が「その人のすべて」をあらわしているわけではない

ご自分の人生でどれだけのこうした「ピース（一面）」を見落としていると思いますか？　それさえあれば納得がいくというような決定的に大切な「ピース（一面）」を。そうなのです。ほかの人がどのような困難に直面しているのか、わかった気になっても、**「実際はまったくわかっていないことが多い」**のです。

一緒に住んでいる相手でさえ、職場の人やずっと昔から知っている人でさえ、あなたには「見当もつかないピース（一面）」があるのです。

その人とは違う人間であるあなた…には、すべてはわからないのです。だから、不適切な行動をとったり、かんしゃくを起したりする人を見たときに、「その行動がその人のすべてをあらわしているわけではない」と気づくことができないのです。人とは、もっと深いものです。傷ついた心が解き放たれたり、あらわれたりする中で行動は変わっていくものなのです。

「傷ついている人は人を傷つけ、癒されている人は人を癒す」

私の好きな言葉にこのようなものがあります。

Sean Stephenson
ショーン・スティーブンソン

「傷ついている人は人を傷つけ、癒されている人は人を癒す」。

あなたは傷ついて、そのキズがあなた自身のトゲとなり、そのトゲは相手をも傷つけます。まるで「サボテン」のようなものです。手を差し伸べるのが非常に難しい。私に靴を投げた子どもも、周囲を傷つけていました。

できることなら、その子とおばあさんの乗った車を追いかけて、その子を抱きしめて目を見ながらこう言いたかった。

「君を悪く思ってごめん。私がそばにいて君の相談相手になるよ。君の助けになる。君に対して怒りを感じてすまなかった」と。

あなたは誰に靴を投げていますか？　誰を非難していますか？　世界平和についていくら話し合っても、「あなた自身が平和を手に入れる」まで、周囲の平和は実現しません。

私たち人類がひとりひとり、自分自身の平和を手に入れるまで、世界平和は実現はしません。私がこの地球にいる目的は、「ひとりひとりの心の平和を通じて、世界平和を実現すること」なのです。

「愛情を受けるに値しない人」に愛情を注げば、魔法が起きる

私は、自分が生まれてきた理由は、「ある流行病を撲滅することにある」と思っています。それは「自分に自信がない」という流行病です。自分が人間として不十分だと感じると、「人は悪い行動をして人の注意を引こうとする」のです。

それを見抜けず、行動だけで相手を判断してしまうようでは、まだまだ、自分自身が成長する必要があります。私もまだ「その罠」にかかってしまうことがあります。

私は年に何度もこの話をして、**「自分は相手のすべてのピース（一面）を知っているわけではない。相手のピース（一面）をできる限り多く見つけねばならない」**と自分を戒めています。

みなさんも「厄介だと思う相手」と「つながり」を持ち、問題を起こす人に手を差し伸べる必要があります。なぜなら彼らはこの地球上で「マイナスの波動」を発し、「良い波動」の流れを妨げているからです。

「その時点での行動」が悪いため、その時点では愛情を受けるに値しないような人に対しても、愛情を持って「その人間そのものを愛すること」で、そこに魔法が起き

Sean Stephenson
ショーン・スティーブンソン

ます。

平和を願っていただけの、ネルソン・マンデラ元大統領を投獄し、マーチン・ルーサー・キング牧師を殺した人たちを「嫌うこと」をしても何も変わらないし、意味がありません。**「愛情を受け取るに値しない人」に対して「愛情を持つことで、そこから救い出すことができる」**のです。

私たちには「エゴ」があるので、それは難しいことかもしれません。けれど、私たちは「自分のエゴを超える」必要があるのです。私はそれを毎日心がけています。

この地球を変えるには、周囲の人や厄介な人と、「つながり」を持たなければならないのです。

The words of
Sean Stephenson

「自分に向かって
言う言葉」によって
自分が創られるのです

「自分いじめ」は、もうやめる

また、私たちは達成者、治療家、起業家、そして平和主義者として、他人を優先してしまいがちです。それはすばらしいことですが、**「自分も他者のひとり」**なのです。

「自分以外の全員」を世話して、本当に全員を世話したことになるでしょうか？

あなたの頭の中には、「ある声」が居座っています。その声は四六時中あなたに話しかけてきます。

今この瞬間も、「え？　声って何のこと？　声なんてないよ。このセラピストの話はまともじゃない。でも魅力的だな」とあなたに話しかけているでしょう。それです、その声です。

絶え間なく話しかけてくるその声は、「あなたが自分に向かって言う言葉」です。あなたが起きているときも、誰かと話しているときも、寝ているときも、夢の中でも悪夢の中でも話しかけてきます。

「あなたが自分に向かって言う言葉」を恐れてはいけません。この声は5歳か7歳の

子どものようなものなので、あなたが「その言葉の内容」をちゃんと聞いてあげて、自分をいたわってやり、さらに自分にかける言葉もコントロールしなければなりません。もしそれくらいの子どもが感情をあらわにしたり、何かをほしがったりしても、ののしったり無視したりはしないでしょう。

しかし、ほとんどの人は、自分自身をそのように扱っているのです。

自分の気持ちが穏やかでいられないとしたら、それは、「自分で自分をいじめているから」です。

「自分いじめ」はやめなければなりません。

「自分に向かって言う言葉」を変えなければなりません。自分への言葉に気をつけ、自分を親友のように扱わねばなりません。自分の言葉にはパワーがあり、感情が詰まっているからです。

私たちには感情があります。ネガティブで、有毒な言葉ばかりを自分に浴びせかけていると、神経がやられ、内臓がやられ、骨がやられ、健康を損ねてしまいます。

言葉は「経験を表現する」だけでなく、言葉は「経験を創造する」

「言葉」には大きな力があります。「言葉の力」について学んだのは、数年前に小学生の子どもたちを前に講演をしたときです。

私は子どもたちからたくさんのことを学びました。会場の後ろのほうに入館許可証をつけたお母さんがいて、私が話をしているあいだ中、大量のメモを取っていました。プログラムが終わると、彼女は後ろのドアからサッと出ていってしまい、直接お会いすることはできませんでしたが、後日、電話をもらいました。そのときのことをお話ししましょう。

「もしもし、ショーンさん？」

「はい、どうされましたか？」

「ショーンさん、私は先日あなたの講演会を聞きにいきました。ステージの上のあなたは、力強く自信に満ちていて、みんながあなたに尊敬のまなざしを向けていました。だけどあなたは、その……なんといいますか……」

彼女は口ごもりました。そこで私は、

「私の姿を見て、ハンサムだと思ったのでしょう（笑）」と尋ねました。彼女はこう言いました。

「いいえ、少し人とは違うと思ったのです。あなたはとても小さくて、車いすに乗っていて……でも人に感動を与えています。どうやれば、そんなことができるのですか？」

私はこう言いました。

「私の秘密を喜んでお教えしましょう。でも、どうしてそれを知りたいのですか？」

質問の裏にはたいてい「何かがある」のです。私は、「彼女にとってなぜその質問の答えが重要なのか」、「答えを知ることで彼女がどのような価値を得ることになるのか」を知ろうとしました。

すると彼女は言いました。

「あの日、娘もお話を聞いていました。まだ小学3年生です。娘は毎日、泣きながら学校から帰ってきます。クラスメートに『変だ』『みんなと違う』と言われて、からかわれるからです」

「それはどうしてですか？」と尋ねました。その人は言いました。

「娘の指は生まれつきくっついて生えていて、水かきのようになっているのです。まるでカエルのように。それでクラスメートから、『変だ』『人と違う』と言われるのです。娘が自分を好きになれるように、私に何かできることはないでしょうか？」

私はよく考えもせずに、「娘さんとお話ができますか？」と言ってしまいました。すると彼女は、「まあ、そうしていただけるとありがたいです！　今、連れてきます」と言って電話を離れました。

私の心臓はドキドキ高鳴ってきました。誰かの引っ越しを自ら進んで手伝ったときのような気持ちです。約束したときはそれがとても良いことだとは思うのですが、引っ越し当日になってみると、「ああ、なんてこった」と気が重くなるのです。

「どうすればいいんだ？　相手は何千マイルも離れた場所にいるというのに！　電話口で励ましの言葉を言うのか？　いったい何をやっているんだ、私は。自分の置かれた状況をわかっているのか？」と思いました。

しかし、その恐怖や不安は、女の子の愛らしい小さな声を聴いた瞬間に、吹き飛びました。

「もしもし？」

「こんにちは、ショーン・スティーブンソンです。お嬢さん、気分はどう？」と私は尋ねました。

「ショーン、大丈夫よ」

「大丈夫なだけ？　何かあったのかな？」

「私の手は、カエルみたいなの。それでね、みんなに『変だ』『人と違う』って言われるの」

私はこう言いました。

「今から質問をするよ。いいかい？」

「いいよ、ショーン」

「はじめて会った人は、次に会ったときも君のことを覚えているかな？」

「うん、みんな私のことはすごくよく覚えている」

「それじゃあ、君は変でも人と違うわけでもない。人の心に残る人なんだ！」

Sean Stephenson
ショーン・スティーブンソン

「ほんと？　私は人の心に残るの？」

「そうなんだよ」

女の子は「すごーい！」と言って、受話器をお母さんに渡しました。

そして、家じゅうを駆け回り、声の限りに叫んで言いました。「私は人の心に残る人！

私は人の心に残る人！」。お母さんが電話に出て言いました。

「うちの娘にいったい何を言ったんですか？」「わかりません。でも数週間経ったら、
また、娘さんの様子を教えてもらえますか？」私はそう言って、電話を切りました。


それから私は言葉や言語について考えました。言語は経験を表現するだけではなく、

「経験を創造するもの」でもあります。だからこそ、自分に語りかけるときに使う言葉は大きな影響力を持っています。


彼女の「手」は何も変わっていません。ただ、**「彼女が自分の手に向かって言っていた言葉を変えただけ」で、人生は激変するのです。**

「私の言葉」は、そのうちにあなたの中から消えていきます。しかし、「自分の声」は人生最期の瞬間まで消えることはありません。

だからこそ、「自分に向かって言う言葉」に注意を向ける必要があるのです。

The words of
Sean Stephenson

「他人の言葉」に
とらわれてはいけません。
しかし、
「人とのつながり」は
人の命をも救います

他人があなたについて持っている意見は「他人のもの」

多くの人が「他人が自分のことをどう思っているか」「他人が自分のことをどう言っているか」をものすごく気にします。でも、

「他人がどう思っているかは、あなたには関係のないこと」

です。それはあなたの問題ではありません。

「他人があなたについて持っている意見は、彼らの問題」

です。「もし彼らがあなたの立場だったらどうするか？」という話です。しかし彼らはあなたの立場にはいないので、そんな「架空の空想」にはなんの意味もありません。

「敬意を持って相手と対話し、しかし師と仰ぐべきなのは自分自身」なのです。

ですから、「自分が自分に何を言っているか？」を大切にしてください。

あなたのつむぐ言葉は、無意識に自分に刻み込まれます。その声が「ネガティブな

もの」だとしたら、人はどうするでしょうか？　大半の人は、「自分を麻痺させる手段」をとります。私はこれを「しびれ薬」と呼んでいます。

「自分を麻痺させる手段」のひとつとして、「テレビを見る人」がいます。家に帰ったらテレビをつけて、ぼんやりする。または何も考えずに延々とネットサーフィンをする人もいます。目的も何もなく、ただ自分を麻痺させるだけです。

食べることを「しびれ薬」にしている人もいます。冷蔵庫を開けて好物の食べ物を目の前にし、「見つけた！」と喜び、その食べ物を手にして思います。「今夜お前を食べてしまうぞ」。食べ終わると、満腹になって自分が麻痺してしまうのです。

自分を麻痺させることで、「人生について考えなくてもいい」からです。「何も考えなくていいから」です。

テレビやインターネット、食べ物などではなく、ドラッグやアルコールを「しびれ薬」に使う人もいます。「ワインは体にいいから寝る前に16杯くらい飲んでも大丈夫。血をかなり薄めることができる」と考えてしまうのです。そうでしょう？　過度のアルコールで自分を麻痺させるとどうなりますか？　もう「自分の声」も聞こえないほどの状態になってしまいます。

言葉は「人の命」に対して強い影響力を持つ

世界中の学校を巡り、悩み苦しむ親御さんたちをサポートしてきましたが、悲しいことに、極端な手段で自分の声を静めようとする人もいました。声を聞くのが辛くなりすぎると、「わかった！　この声を永遠に黙らせる方法がある。自殺すればいい！」と考えてしまうのです。

この地球に、もうそんなことは起きてほしくありません。
自殺によって命が奪われる必要はないのです。行動がおかしくなったり、人との接触を避けはじめたりする人がいたら、私たちは立ち上がらなければなりません。
彼らを救うには、どうすればいいのでしょう？

それは「人とつながりを持つようにする」のです。

「人とのつながり」は、人の命を救うことができます。以前も述べたように、**「つながりを感じる人」は、「自分を気遣ってくれた人」であり、「気遣ってくれていると感じさせてくれた人」なのです。**相手に声をかけてあげましょう。「私たちの言葉」には影響力があるのです。

……数週間後、例の女の子のお母さんから電話がありました。彼女は非常に興奮していました。

「ショーン、信じられないことがありました！」。

興奮状態の女性が電話をかけてくることはよくあるので、決まった手順を用意しています。こう言うのです。

「しー、落ち着いて落ち着いて。ショーンはここにいるよ」

すると彼女は、「ショーン、ショーン、すごいんですよ！　娘が自分に自信を持つようになったんです」と言いました。

「何があったんですか？」

「娘は学校に行って、自分をからかっていたいじめっ子たちにこう言ったんです。『私は変じゃない、人と違うわけでもない。私は人の心に残る人なのよ。あんたたちも一生私のことを覚えていることになるのよ。ハハハ』」

The words of
Sean Stephenson

「自分にかける言葉」は大切です。自分を「親友」のように扱うべきです

自分自身に対して「大切な親友」のように言葉をかける

「自分に語りかけるときに使っている言葉」について考えてみてください。「私は重要な人物。この地球を変えてみせる！」と言っていますか？　それとも、「誰も私のアイデアに賛成してくれなかったらどうしよう。うまくいかなかったらどうすればいいのかな」でしょうか？

鏡を見たとき、「セクシーな小悪魔さん」と言いますか？「もう、またお前か」と言いますか？　自分に向かって「私は大切な人」と言っているのか、「誰もかまってくれない」と言っているのか。自分に何と話しかけていますか？　これは非常に重要なことです。

あなたは、地球のために何か大きなことをしたり、友人を作ってハグしたり、語り合ったりしているかもしれません。あるいは、募金をしたり、富を築き上げたりして、この世界を作り上げてきた人々、たとえば、ダライ・ラマ法王や『7つの習慣』のスティーブン・コヴィー博士などのような人たちから学んでいるかもしれません。

けれど、**家に帰って自分を嫌い、自分に疑問を感じ、自分の能力を否定し、「自分は欠陥人間だ」と思ってしまったら、すべてが台なしです。**

そんなことにならないように、この瞬間から、「自分自身を大切な親友のように扱う」ようにしましょう。

「この体」が、私にすばらしい生き方を与えてくれた！

さて、みなさんには、「自分自身を大切な親友のように扱う」ようお話ししましたが、私には自分をいじめる機会がたくさんありました。自分のこの状態を「何でもないことのように見せている」と言いました。ここで正直になって、今から本当に思っていることを打ち明けましょう。

この体に生まれたことは、すばらしいことです。

もちろん、多くの困難も抱えています。ほとんどの人にとって「単純で当たり前のこと」が、私にとってはチャレンジなのです。

私の腕は、肩の高さくらいまでしか上がりません。みなさんは、「それがどうした」

と思うかもしれません。しかし、手が上がらないために自分で帽子をかぶることも、髪を洗うこともできません。頭のてっぺんがムズムズかゆくなってもかけないとき、「自分は人と違う」ということを強く実感させられます。

服も誰かに着せてもらわねばならず、トイレにも連れていってもらわねばならない。自動車や飛行機で移動する際は、チャイルドシートに座ります。

この話をしたのは、みなさんに「同情してほしいから」ではありません。同情というのは「ドラッグ（麻薬）」のようなものです。けれど私はそれに依存することはありません。

私が言いたいのは、「この体は私にすばらしい生き方を与えてくれた」ということです。**この体は、私を日々、謙虚な気持ちにさせてくれるのです。**

The words of
Sean Stephenson

「起こったことを
人生のギフトと思うか？
人生の重荷と思うか？」
これが、
私の人生を変えた
「魔法の質問」です

ハロウィーンの日、「私の人生」は変わった

もしあなたが数多くの成功を収めていて、五体満足で、階段を上ったり下りたり容易にできる体なら、あれこれと慎重に考えることもないでしょう。

私の場合、人格がどれだけ向上しようと、いくらお金を稼ごうと、「私の入れ物はこの体だけ」です。それは恵まれたことです。けれど、ずっとこのように思ってきたわけではありません。怒りを抱えていたときもあったし、自分を哀れんでいたときもありました。

私の人生を変えた日のことをお話ししましょう。**「この体に生まれた目的」に気づいた日のこと**です。

当時、私は小学校4年生で、それは「ハロウィーン」の日の朝のことでした。学校に行く前、母が台所でランチの用意をしてくれていました。私は満面の笑顔でリビングの床の上にいました。ハロウィーンは1年の中で私が一番好きな日だったからです。

もちろん、クリスマスも自分の誕生日も、ほかの祝日も好きでしたが、ハロウィーンは特別でした。ほとんどの子どもにとって、ハロウィーンはお菓子やパーティー、コスチュームを楽しむ日です。けれど、私にとっては「魔法の日」でした。まわりの子どもが「仮装」をしているので、「見た目」がまわりに溶け込めるからです。

私は生まれてからずっと、毎日毎日、この「見た目」のせいで、人からじろじろ見られていました。

見知らぬ人に指をさされ、しかめっ面をされ、笑われることすらありました。何時に家を出ようと、どこにいようと、それから逃げることはできませんでした。

子どものころ、やりたくてしょうがなかったことは、帽子を深くかぶって、人ごみの中に消えることです。それは、ハロウィーン以外の日にはかなわないことでした。ハロウィーンは、誰もが「仮装」して、いつもと全然違う格好をしていました。私はその中に溶け込むことができたのです。私はその日が大好きでした。

9歳のときのハロウィーンの朝、ランチの用意を終えた母は、私の荷物を車に運んでいました。すでにミイラのコスチュームに着替え、わくわくしていた私はじっとし

ていられませんでした。車いすから降りて床でごろごろ転がってはしゃいでいました。友だちに早く見せたくて、仕方がありませんでした。

喜びにうずうずしながら床で転がっていると、左足をドアの角にひっかけてしまい、その足を後ろに曲げると大腿骨が「ポキッ」と折れてしまいました。その瞬間世界が止まりました。次に何が起きるのかはわかっていました。折れてから、少し時間が経つと、「激しい痛み」が来るのです。

痛みのさなか、「人生の使命」が明らかになった

一瞬にして、私の人生が崩れ落ちたように感じました。体の中で一番大きな骨である「大腿骨」を骨折したのです。

瞬く間に、体温が上がり、汗が吹き出し、呼吸も荒くなってきました。まるで誰かが鉄の工具で骨をきつく締め付けているような感覚でした。

痛みがまだ強くなる前だったためか、私の中で強烈な怒りが爆発しました。その怒りは血管を突き進み、心臓に流れ込みました。

「こんなの不公平だ！　犯してもいない犯罪の罰を受けているようなものだ！」。そして力の限り叫びました。

「何で僕が！　僕が何をしたというんだ！」

母が駆け寄ってきて、私の横にひざまずきました。母はこんなときの手順をよく心得ていました。母にできることはほとんどなく、病院に担ぎ込むこともできないとわかっているのです。病院も手の打ちようがないからです。

母は私がまだ小さいころ、医療専門家から「骨折をした場合はその場で、治癒するまで4～6週間、じっとさせておくように」と言われていました。寝室でも地下室でもリビングでも関係なく、骨が治癒するまで、その場にじっとさせておくのです。

母は私を落ち着かせようとしました。汗で濡れた私の髪を指ですきながらこう言いました。「ショーン、ねえ、落ち着くのよ」。そしていつものように、私の気を紛らわせるような話をはじめました。

「ショーン、この前旅行に行ったとき、何が一番楽しかった？」

でもその日は話なんてしたくありませんでした。「1年で一番楽しみにしていた日」

に外に出られないのですから、私は非常に腹を立てていました。

母は私の目を見てそれに気づき、その話をやめて「ある質問」をすることにしました。その質問は私の人生を変えた「魔法の質問」でした。その質問のおかげで、私は今日、ここに来ることができたのです。

母は私の目をじっと見つめて言いました。

「ショーン、これは人生のギフトだと思う？　それとも重荷だと思う？」

私は思いました。「何を言ってるんだ？」。ギフトは誕生日にもらうもので、開けて喜ぶもの。これがどうしてギフトになり得るというんだ？　しかし、私が言葉に出す前に、「魔法」が起きました。

「私の人生の使命」が小学4年生のそのときにわかったのです。温かい英知の風に包まれたような感覚になり、すべてが明らかになりました。

その瞬間、痛みの中にいながらも、「私は自分の人生を愛している。この体に生まれた目的は、他の苦しみにあえいでいる人々にも、『すべてを人生のギフトだと思えるような生き方』を伝えることなのではないか」と気づいたのです。

痛みは避けられないが、痛みに苦しむかどうかは「自分で選べる」

実際、昔も、今現在も、まだすべてにおいて「学んでいる途中」ですが、私が今日のように「知識人」と呼んでいただくようになるまで、何年もの時間と何千ドルもの教育費を要しました。しかしその中で気づいたのは、「私たちは誰もが、痛みを経験している」ということです。この世界は、「痛みに満ちている」のです。

母はその日、価値ある教訓を教えてくれました。

「痛みは避けられないけれど、『痛いと言って苦しむかどうか』は自分で選べる。痛みの目的がわかれば、それを乗り越える意欲がわいてくる」

「痛みに込められたギフト、恵み」を見つければ、痛みが緩和することはなくても、それを乗り越える準備ができるのです。地球全体として私たちは、それを見つけ、痛みは避けられないということに気づく必要があります。

「痛みは避けられないが、苦しみは選べる」

Sean Stephenson
ショーン・スティーブンソン

ということ、同情する必要はないこと、自分を哀れむ必要はないこと、私たちは立ち上がり、強い立場で自分たちを支えていかねばならないのです。

誰にも、さまざまな困難が待ち受けています。もうすでに困難を経験している方もいるでしょう。これからも、たくさん痛みが人生に降りかかります。

私たちがこの地球上から排除できるのは、「痛み」ではなく、「苦しみ」です。

「苦しみ」を排除すれば、私たちは意識を変え、貧困レベル以下の生活を強いられている人たちのために何百万ドルもの資金を集めることができます。恵まれていない人に手を差し伸べることができます。

私たちは**「痛みは避けられないが、苦しみは選べる」という言葉を胸に刻み、個人として、この地球を変える方法を見つけねばなりません。**

The words of
Sean Stephenson

「いっときの快楽」か
「達成感」の
どちらを求めるか？
あなたの「成長と貢献」に
つながるほうを
選択しましょう

良い気分が得られる最良の方法は、「成長し、貢献すること」

最後に、私はセラピストとして気づいたのですが、私たち人類は「おまけ」をほしがります。これは持論ですが、私たちは誰にでも「良い気分になりたいという欲求」があり、「私たちがとるすべての行動は、良い気分になることが目的」だからです。

人間は、ネガティブな行動でさえも、ある程度の「報い」が得られるので、それを行なうのです。たとえば、タバコは健康に悪いことは誰でも知っていますが、気分が落ち着くという良い気分を味わえるのです。

「良い気分」には2つの種類があり、そのうちの「より良いほう」を選ぶ必要があります。

それは単なる「いっときの快楽」と「達成感」です。

「いっときの快楽」は束の間のもので、もっとほしくなります。「もっとほしい、良い気分になるためにもっともっとこれを手に入れねば」という渇望感が生まれます。渇望感を感じるならそれは「いっときの快楽」を得ているだけなのです。

一方、「達成感」はそれとは違うレベルのものです。**達成感は、「じわじわと長持ちする結果を得ることができたとき」にいつでも得られます**。「即席のすぐに消えてしまうような結果」ではありません。どちらのほうが人生に充実感をもたらすでしょう。正直になってください。

「ケーキと本」ではどっち？　あるいは「セミナーか、一杯のビール」ではどうでしょう。考えてみてください。ひとつは「束の間の快楽」で、もう一方は「長続き」します。自分の人生のためには長続きして、じわじわと燃えるものを選んでください。そして、さらに達成感は「2つの方法」で得ることができます。

ひとつ目は「自分の成長につながることをすること」です。

2つ目は「貢献することと、お返しをすること、自分自身の目的を見つけること」です。

私は職場で、「数字を気にする」のはやめました。過程ではなく「結果しか見ない」

ようにしています。私はいずれ死にます。もちろん地球上にいる全員が、いずれ亡くなります。つまり、私たちの経験も時間も、いずれ消えてしまう、束の間のものです。だからこそ、「達成感」を求めねばなりません。

「人生を閉ざすドアの向こうに、行かなければなりません」

さて、ホワイトハウスの「庭」に話を戻しましょう。

ヘリコプターが着陸し、大統領が出てきました。大統領は私を見て、「やあショーン、会えて嬉しいよ」と言いました。そして、私に近づき言いました。

「ショーン、今日は私がホワイトハウスの中まで押していってあげようか？」

「とても光栄です、大統領」と私は答えました。

そしてアメリカの大統領が私の車いすをホワイトハウス内に押していってくれたのです。私が庭に出た瞬間から、上司は中から窓を叩き、私に向かって、「ショーン、だめだ！」と叫んでいました。

しかし私が大統領に向かって、「あれが私の上司です」と紹介すると、上司の態度は変わり、にこやかに、「ヘーイ、ショーン！」と私に手を振ってきました。

「人生を閉ざすドアの向こうに、行かなければなりません」

大統領に車いすを押され、ホワイトハウスに入るとき、ドアが魔法のように開き、私の頭の中であの歌が流れました。

chapter

2

The words of Tony Hsieh

トニー・シェイ

［ザッポス CEO］

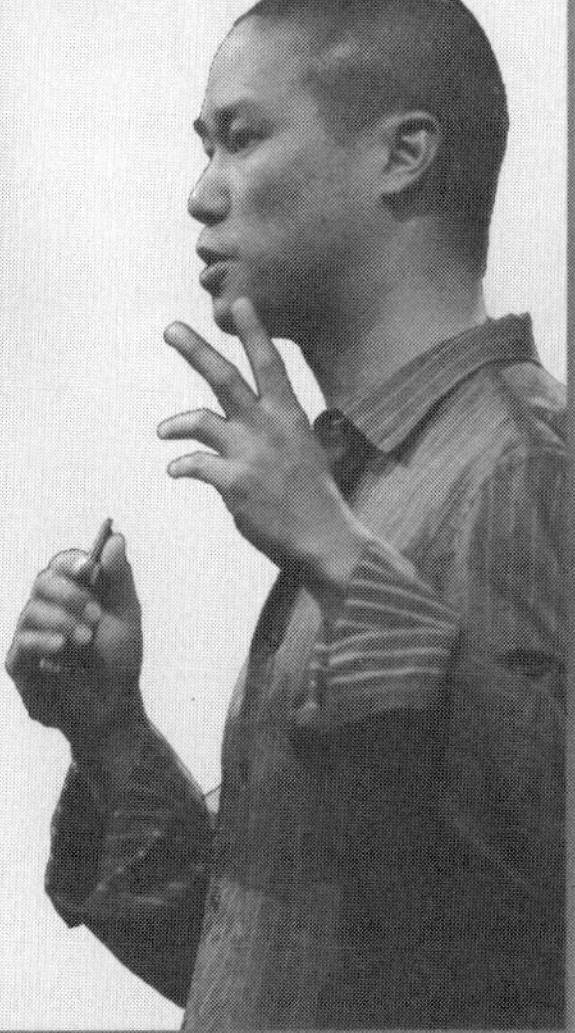

The words of
Tony Hsieh

「多くのお客様から愛される会社」それが、わが社の誇りです

ザッポスのファンは、身近な人の中にいる

私は男性を相手に、「ザッポスを知っていますか？」と聞くことがあります。すると、「自分が利用したことはないが、身近な人、たとえばガールフレンドや奥さんが買い物をしたことがある」

という答えをもらうことがとても多いです。


さて、おそらく1年ほど前だったと思いますが、アメリカの大手レコード会社の重役をザッポスの「社内ツアー」に案内しました。

その方に、**「ザッポスで買い物をしたことがありますか？」**と質問してみると、彼自身は「ない」そうですが、「妻が何か買ったことがあるだろう」とのことでした。なぜなら、ザッポスの白い箱が、毎日玄関先にあらわれ、いつの間にかなくなっているのを目にしていたからです。

彼は「きっと妻がいろいろ注文したのだろう」と推測しましたが、「買った靴を返品していたのか？　それとも何足も購入していたのか？」と聞いても、奥さまはザッポスで買い物をしていたこと自体、認めなかったといいます（笑）。どうしてでしょ

うかね？

社内ツアーの所要時間は、1時間程度です。私たちは1階の商品計画部を通り、上の階の「ロイヤルティ・チーム」に差し掛かりました。わが社におけるコールセンターの呼び名です。

そこで彼はあたりを見回して、ひとりのオペレーターを見つけて隣に座ると、奥さまの「アカウント」を無理やり探させたのです。まぁ、クレジットカード自体が「旦那さま名義」だったのでOKだったのですが…。

すると……、奥さまがこれまでに「6万2000ドル（約：470万円）」をザッポスでの買い物に費やしていたことがわかりました。私たちの会社が「離婚の原因」にならなければよいのですが…（笑）。

ザッポスを立ち上げた人材たち

私が「ザッポス」を立ち上げた経緯についてご説明しましょう。きっかけは「ピザ」です。

私は大学生のころ、ルームメイトのソンジェとともに、寮の1階でピザを売ってビジネスをしていました（その寮には約３００〜４００人の学生が住んでいました）。オーブンを自分たちで購入し、サプライヤーから仕入れをし、メニューも考え、従業員も雇い、ときどき自分たちでもピザを焼くこともありました。

現在、ザッポスのＣＦＯ（最高財務責任者）兼ＣＯＯ（最高執行責任者）であるアルフレッドは、毎晩、毎晩、私たちのピザ屋に来て、「Ｌサイズ」の「ペパロニ・ピザ」を買っていきました。本当に、毎晩ですよ。

私はそれを取り立てて変だとも思いませんでした。アルフレッドは「大食い」で有名だったからです。

彼のあだ名は「モンスター」。あるいは、「人間ゴミ圧縮機」と呼ばれることもありました（笑）。一度、午前3時ごろに10人で中華料理屋に行ったことがあります。そのときの彼は、圧巻でした。なぜなら、みんなの「食べ残し」をすべて平らげてしまったからです。

ですから、毎晩「Ｌサイズ」の「ペパロニ・ピザ」をアルフレッドが買っていっても、大しておかしいとは思いませんでした。それればかりか、数時間後にまたやってきて「同じもの」をもうひとつ買っていくことすらあったのです。

私は、「こいつは、本当によく食べるなぁ」としか考えていませんでしたが、数年後にわかったことがあります。彼はピザを上の階に持っていき、**毎晩、「スライスして売っていた」のです**。彼が現在、ザッポスのCFO兼COOだというのも納得がいくでしょう（笑）。

そのピザ・ビジネスの後、ルームメイトのソンジェと私は「リンク・エクスチェンジ」という会社を立ち上げました。オンライン広告の会社です。このビジネスは社員数100人前後の規模にまで成長しましたが、1998年にマイクロソフトに売却することにしたのです。

売却に至った経緯を知る人はあまりいませんが、もっとも大きな理由は、「企業文化が完全に悪化してしまったため」です。そのころの私たちには、「企業文化の悪化」を食い止める術をまったく知りませんでした。

「企業文化」のよい会社で働けることは幸せなこと

従業員が5人から10人程度だったころは、当時の典型的な「ＩＴ企業」のような働き方をしていました。

休みなく働き、デスクの下で眠り、曜日の感覚もなくなり、たまにシャワーを浴び、それでもやることは「山ほど」ありました。そこで、必要な経験とスキルを持つ人材を雇いましたが、なかには我々の企業文化に合わない人もいました。

そして、従業員数が１００人程度になるころ、私は朝起きるのが怖くなり、目覚ましが鳴ってもすぐには起きられなくなりました。そして、会社にも嫌々出勤するようになったのです。

自分が共同設立した会社なのに、このような状態になるのはおかしな気がしました。私が「会社に行きたくない…」と感じているのなら、ほかの従業員はどう感じているのだろう……と。

そこで私たちは、会社の売却に踏み切ったのです。タイミングに恵まれていたと思

います。その後、アルフレッドと私は共同で「投資ファンド会社」を立ち上げました。約20社の企業に投資し、「ザッポス」は、たまたまそのうちの1社でした。

しかし、ファンド設立から1年弱で、**「投資する側に徹するのはおもしろくない」**ことに気づきました。再び「何かを築き上げること」に携わりたくなったのです。

そして1年も経たないうちに、ザッポスにフルタイムで入社することにしました。それからはずっとザッポスで働いています。

アマゾンによるザッポスの買収後も、私たちは独立して経営を続けられることになっており、ザッポスのブランドと文化をこれからも成長させていけることを楽しみに思います。

The words of
Tony Hsieh

「最高の顧客サービス」を提供できるブランドでありたい

ザッポスとは「最高の顧客サービスを提供する会社」

では、ザッポスの「大まかな数字」を見ていきましょう。

従業員数は約1500人（2011年現在）で、その半分は、本社のあるラスベガスで勤務しています。もう半分は、倉庫のあるケンタッキーにいます。そこは、貨物運送会社の「UPS」の拠点でもあります。

ザッポスは1999年に創業し、おもに「靴のオンライン販売」で知られています。「靴」の販売で事業を起こしたからですが、現在は、靴以外にもさまざまな商品を取り扱っています。衣料品や家庭用品、台所用品や美容関連用品、化粧品などです。

ですが私たちは、次のように考えています。

「今から10年後には、ザッポスが靴の販売業者として創業したことに誰も気づかず、**ザッポスと聞けば、最高の顧客サービスや顧客満足を連想できるブランドにしたい**」

ですから、「オンラインショッピング」にこだわる必要はないと考えています。

実際、お客様から「航空会社を立ち上げてほしい」、「国税局を代わりに運営してほしい」といったメールをいただくことがあります。航空会社は、最高の顧客サービスを提供すべき会社です。もしかしたら20〜30年後には、「ザッポス航空」が立ち上がっている可能性がないとは言えません。

私たちがもっとも参考にしている企業は、リチャード・ブランソン氏が率いる「ヴァージン・グループ」です。ザッポスとヴァージン・グループとの違いは、ヴァージン・グループが「今どきで格好いいブランド」であるのに対し、ザッポスは「最高の顧客サービスを提供するブランドでありたい」と考えていることです。

ザッポスはこれまで、数多くのメディアに取り上げていただきました。その中でもっとも誇りに思っているのは、２００９年1月に、**米「フォーチュン」誌の「働きがいのある会社ベスト１００」にランクインしたこと**です。

企業文化を第一に考え、前の会社で犯した過ちを二度と繰り返したくなかった私たちは、「働きがいのある会社」をひとつの目標として掲げていました。ですから、「働きがいのある会社ベスト１００」にランクインしたことで、私たちは大いに喜び、気

持ちが高まったのです。

顧客サービスの視点で考えれば「往復の配送料」は無料がベスト

ほかの数字もご紹介しましょう。

顧客数は1200万人で、「売り上げの99％は米国内」のものです。UPS（貨物運送会社）の隣に拠点を構えているため、米国内の顧客に対しては、さまざまなサービスが可能です。

また、私たちが受ける「注文の75％はリピート客」によるものです。マーケティングや宣伝に費用を使う代わりに「顧客満足度」や「顧客サービス」の向上にその費用を充て、**「口コミでお客様にマーケティングをしてもらう」**というのが、私たちの考えです。

売り上げがゼロだった1999年から、2008年には商品の総売り上げが10億ドルに伸びました。

この成長をけん引したのは、「リピート客」の存在と「口コミ」です。

私たちは、機会があればいつでも「顧客サービス」と「顧客満足度」の基準を上げるよう心掛けています。

では、「顧客サービス」とは何でしょうか？　わが社では、注文するときも返品するときも、米国内であれば、「配送料を無料」としています。ですから、「一度に何足も靴を注文し、自宅で手持ちの洋服と合わせてみて、合わないものや気に入らないものは返品する」というお客様がたくさんいらっしゃいます。

私たちは、「注文と返品を繰り返すこうした買い物の仕方」を勧めており、サイズが9なのか9・5なのかわからないのであれば、「両方注文して、足に合わないほうを返品してください」というように、お客様に促します。

ザッポスでは、「往復の配送」をサービスの一環ととらえています。

ザッポスのビジネスモデルにおいては、「返品」は悪いことではありません。お客様の行動を研究した結果、「より頻繁に返品する顧客のほうが（注文と返品を繰り返すことに慣れてしまえば）、まったく返品しない顧客よりも年間の購入額が大きくなる」ことがわかっています。

これはＤＶＤを郵送でレンタルしている「ネットフリックス」と似たようなもので、往復の配送は「サービスの一環」なのです。この便利さに慣れると、いろいろ利点があって、たとえば「普段はとても試さないような商品」でも、気軽に試せるようになるということなのです。

もうひとつは、「返品期間を３６５日に設定」していることです。このサービスは、「なかなか腹を決められない人」や「自分の決断を受け入れられない人」のためのサービスと言ってもいいでしょう。「返品期間を長くする」ことで、気軽にご注文いただけるということです。

The words of
Tony Hsieh

「お客様と
一生のお付き合いをする」
と考えるなら、
たとえライバル会社を
紹介しようと、
お客様が満足して
いただけることのほうが、
大切なはずです

「電話」こそ、一番のブランディング・ツール

オンラインショッピングのサイトでは、「問い合わせ先」を見つけるのが困難なことがとても多く、リンクを5回ほどクリックしなければ「問い合わせ先」にたどり着けないことがあります。まるで「お客様と接したくない」かのように…。

しかし私たちは、それとは正反対のアプローチをとっており、すべてのページの上部にフリーダイヤルの問い合わせ先を掲載しています。なぜなら、「お客様と実際に話をしたいから」です。

私はよく、「マーケティング」や「ブランディング」に関する講演を行ないますが、頻繁にテーマとなるのが「何千もの広告や宣伝がお客様に届けられる中で、自社のブランドやメッセージをどうやって際立たせたらいいのか?」という質問です。

最近では「ソーシャルメディア」や「プロダクト・プレイスメント（テレビや映画の中に特定の商品を登場させて宣伝や広告をする手法）」などが注目を集めていますが、わが社では、「電話が一番のブランディング・ツール」だと考えています。

電話であれば、5～10分間、お客様の注意を「100%」こちらに向けることができます。さらに、**コミュニケーションが適切に図れたならば、お客様は「ザッポスとのやりとり」を長く覚えてくれる**でしょうし、その会話について、友人や家族にも話してくれることが、分析の結果わかっています。

「ツイッターの良い活用方法は?」とか、「フェイスブックやその他ソーシャルメディアを活用して、お客様とつながりを持つ方法は?」と質問をされることもよくありますが、ビジネスの観点からいって、私たちの考える最高のソーシャルメディアは、やはり「電話」なのです。

「お客様と一生のお付き合いをする」という視点で、すべてを考える

わが社はコールセンターの運営を「他社とはまったく違った方法」で行なっています。一般の会社の場合、コールセンターという部署には、通常「平均処理時間」が存在し、効率の良い顧客対応が求められます。つまり、簡単に言うと「いかに早く電話を切れるか」が問われるわけです。

わが社ではそのような時間は設定していません。わが社のコールセンターにかかっ

てきた通話時間の最高記録は、「5時間57分」でした。

お客様が電話をかけてくる理由はさまざまで、「初めて返品をしようとする人」や、「結婚式に呼ばれたので、誰かに一緒に買い物をしてほしいという人」、それどころか、「ただ寂しいから」という理由でかけてくる人もいます。

こうした問い合わせが、すべて、即、売り上げに結びつくとはかぎりません。しかし、そういった人々にも、できるかぎり助けになれるよう対応しています。

マニュアルも時間設定もなく、より高価な商品を勧めるようなこともありません。唯一目指しているのは、「お客様が期待する以上のサービスを提供すること」です。

私たちは、問い合わせの一件一件がブランドイメージを確立するチャンスであると考えています。電話のやり取りの中で、「最高の顧客サービス、顧客満足度を提供するブランドを構築するにはどうすればいいか？」を第一に考えています。

たとえば、私たちがサイズを切らしていたとします。すると顧客サービス担当者たちは、少なくとも「ライバル3社のウェブサイト」を確認します。そして、お客様のサイズに合う靴を探し、「ライバル会社を紹介」するのです。

もちろん、その分の売り上げは逃してしまいますが、それでもいいのです。なぜなら、**私たちのゴールは「お客様と一生のお付き合いをすること」だから**です。

「お客様と一生のお付き合いをする」と考えるならば、ライバル会社を紹介しようとも、お客様が満足していただけることのほうが、大切なはずです。

わが社には1日、4000~6000件の問い合わせが電話や電子メールで寄せられます。私たちは、その一件一件を通じて、「ブランドを構築していっている」ということなのです。

The words of
Tony Hsieh

「最大限の効率」を目指すのではなく、「最大限の顧客満足」を目指す

「最大限の顧客満足」を目指すなら、倉庫は24時間体制がベスト

私たちがもっとも力を注いでいるのは、お客様から「代金を受け取ったあと」の段階です。代金を受け取ったあと、私たちはさまざまなことを行ないます。

私たちのゴールは、お客様に「何かを感じてもらう」ことであり、**お客様と私たちとの間に「精神的な特別の結びつきを作ること」**です。

たとえば、米国内のリピート客には、通常1週間かかる配送を「翌日配送」にアップグレードして、お客様を驚かせます。わが社では、倉庫を毎日24時間体制で稼働させているため、「翌日配送」が可能なのです。

「効率性」という点だけを考えるなら、倉庫を毎日24時間体制で開けておくのは、正しい運営方法とはいえません。

もっとも効率的な方法は、「注文をためておいて、倉庫の担当者がまとめて処理する」というやり方なのですから。

しかし私たちが追い求めるものは、「最大限の効率ではなく、最大限の顧客満足」です。ザッポスとのお付き合いの中で、お客様全員に「すごい！」と感じてほしいと私たちは考えています。それが、お客様との「精神的な特別の結びつきを作ること」につながります。

倉庫を毎日24時間体制で稼働させているほか、UPSの拠点にも隣接しているため、お客様が深夜に注文を入れたとしても、「翌日配送」にアップグレードが可能です。8時間後には、お客様の玄関先まで商品をお届けすることができます。商品を受け取ったお客様は、「驚き」と「喜び」を感じてくださるはずです。

「企業文化」が優れていれば長期間にわたって支持されるブランドになる

倉庫を毎日24時間体制で運営するなど、顧客サービスの一環として、私たちはさまざまなサービスに取り組んでいます。

しかし、私たちの最優先事項は、実は顧客サービスではなく、「企業文化」を確立させることにあります。なぜなら、「企業文化」がしっかりしていれば、「長期間にわたり支持されるブランドを築くこと」も、「優れた顧客サービスを提供すること」も、自然についてくるものだからです。私たちはそう信じています。

「企業文化」と「企業ブランド」は、コインの表と裏のような関係です。

「企業ブランド」とは、その企業の「文化を反映するもの」であると私たちは考えます。

今日のブランド構築方法は、「50年前のそれ」とは大きく異なります。当時は少数の人が会議室に集まって、「よし、これがわが社のブランドだ！」と決定していました。そして、数多くのテレビコマーシャルを打っておしまい。それでブランドを構築したことになった時代があったのです。

ですが今日では、「企業ブランド」は、その企業が１００％コントロールできるものではなくなっています。なぜなら、**企業ブランドは「お客様の気持ちによってコントロールされるようになったから」**です。

例を挙げましょう。航空会社全般について考えてみてください。

特定の企業ではなく「その業界全体」について、「航空業界についてどう思いますか？」とみなさんに聞いたとします。

ほとんどの人が、「最近は顧客サービスの質が悪い」、「従業員の態度がそっけない」などと答えるのが現状です。意図的にそのようなブランド構築を図った航空会社はありませんが、それが「業界のブランドイメージ」となってしまっているのです。

ですから、わが社では「企業文化」に重点を置き、正しい文化を築くようにしているのです。

The words of
Tony Hsieh

どんなに優秀な人でも、「企業文化」と合わない人は採用してはいけません

「企業文化」に合わない従業員は、採用しないし評価しない

「正しい企業文化」を築くために、わが社では「採用」にも最大限の力を入れています。採用するポジションに関係なく、面接は全員に対して「二度」行ないます。一次面接は通常のもので、該当部署のリーダーやチームメンバーが、「そのチームに適した人材かどうか」、「技術的な能力」、「募集ポジションへの適合性」、「経験」などをチェックします。

その後の二次面接は、人事部が独立して担当します。二次面接では、わが社の「企業文化に合った人材かどうか」を確認します。

応募者は、どちらの面接も通らなければ採用されません。ですから、非常に頭が切れ、知識も深く、短期的に見れば「会社の業績を即座に伸ばしてくれそうな人」を、わが社は、これまでに数多く「不採用」にしてきました。**どれほど頭脳明晰でも、「私たちの企業文化にそぐわなければ雇わない」のが決まり**なのです。

ほとんどの企業は、企業文化に合わない人材でも、「優れた経験」や「技術」を持った人であれば、採用してしまっているでしょう。

企業文化に合わない人材をひとり採用したからといって、命とりとなることはないでしょうが、企業は、このような妥協を何度も何度も続けてしまいます。すばらしい文化を持った大企業が少ないのは、「優秀だから」という理由で、「自社の企業文化に合わない人材」をたくさん採用しているからなのです。

私たちは、「その逆」を行ないます。

従業員が、自分の担当している仕事をきちんとこなしていても、企業文化を損ねるような行動をとったり、企業文化全般に悪影響を及ぼすとみなされたりした場合、ほかの理由がなくとも「解雇」します。わが社の従業員の勤務評価は、なんと「50％が企業文化に対する貢献度」に基づいているのです。

企業文化を根づかせるため、従業員の「つぶやき」を公開

また、わが社では企業文化を「本」にまとめており、毎年発行しています（しかも、入社希望者やビジターなどが自由に閲覧できるようになっています）。その際、従業員ひとりひとりに「ザッポスの文化をどう感じているか」を短い文章にしてもらうの

ですが、「打ち間違い」以外は手直しをしないので、良い点も悪い点も含まれています。
この文章は、部署ごとにまとめられるため、たとえば、倉庫を担当する部署と経理部との「文化の違い」なども垣間見えます。

また私たちは、企業文化を築く手段として、「ツイッター」を活用しています。新規採用者のオリエンテーションでは、全員にツイッターの使い方を教えます。「twitter.zappos.com」にアクセスしていただければ、ページ上部にリンクが張ってあり、従業員のつぶやきを見ることができます。

彼らのつぶやきをまとめて見ることができるため、わが社の文化をお客様によくわかっていただくことができるのです。

「トレーニング中」に会社を辞めた人には、ボーナスを支給

本社で採用された人は、役職などにかかわらず、経理担当者でも弁護士でもソフトウェア開発者でも、「コールセンターの担当者とまったく同じトレーニング」を受けることになっています。

５週間の研修プログラムの中で、１週間はケンタッキーで倉庫関連の仕事をします。選別や梱包、受け取りの作業などを行ない、４週間はラスベガスでザッポスの歴史や顧客サービスと企業文化の重要性を学び、その後、顧客サービスのトレーニングを受けます。

そして、実際に２週間はコールセンターで電話を受けることになっています。

真剣にブランドを構築し、「顧客サービス」を最高のものにするためには、「顧客サービス」を一部署にとどめておくべきではなく、**社のすべての人間がそれに取り組むべきだと考えています**。

さて、５週間のトレーニングの中で、わが社の文化を守ることを目的に、「ある提案」を行なっています。

トレーニング１週間目の終わりに、参加者全員に対して「ある提案」をします。トレーニングはだいたい月に一度行なっていて、それぞれのクラスは20～30人で構成されています。

そこで、参加者全員に対し、「たった今、会社を辞めるのなら、今までトレーニン

グに費やした時間に対する対価と、ボーナスとして2000ドル（約15万円）を支払います」と告げます。これはトレーニング終了時まで有効です。

このような提案をする理由は、「収入だけが目的の従業員はほしくないから」です。実際に、勤務した場合、最初は時給11ドル（約840円）からスタートですから、2000ドルとなれば、かなりの額になります。

2007年にこの提案をはじめたときは、約3％の参加者が2000ドルを受け、会社を辞めました。2008年には1％以下となり、現時点では0％になりましたが、まだ、しばらくは続けるつもりです。

この提案を実施した当初は、**「6～9カ月程度で辞めてしまうような社員に去ってもらうための、すばらしい手段」**と考えていました。

その目的は達成されたのですが、予期せぬ効果があったのです。その提案を最終的には受け入れなかった人も、提案されたときは、家に帰ってゆっくり考えます。「この会社の長期的な目標は本当に共感できるものか？　この会社の中核となる価値観、すなわちコア・バリューは自分のそれと合っているのか？」と。

そして友人や家族に相談し、週末をかけて話し合います。月曜に出勤して「２０００ドルの提案を拒否する」と決めたときには、会社に対するコミットメントや熱意、情熱の傾け方が大きく違ってくるのです。

実行可能な「コア・バリュー」を持つことで、すべての行動の指針ができます

ザッポスのブランドは「3つのC」で構築されている

2009年から数年間は、ザッポスのブランド構築の一環として、「3つのC」を大切にしたいと考えています。

「3つのC」とは、

・クローズ（衣料品） **C**lothe
・顧客サービス **C**ustomer service
・カルチャー（文化） **C**ulture

です。

私たちは「3つのC」をお客様のライフサイクルになぞって考えています。

ザッポスを聞いたこともなく、何の会社なのかまったく知らないというお客様には、私たちの衣料品販売について理解していただけるようにします。「豊富な衣料品や靴、そのほかの商品などを取りそろえている」ことを知っていただくのです。

ザッポスの商品について知っていただけたら、次は私たちが「最高の顧客サービス

を目指す会社」であることを理解してもらいたいと考えています。お客様に直接伝えるのではなく、突然の翌日配送へのアップグレードや、コールセンターでの対応を通じて、「体験してもらう」のです。

注文の95％はインターネットを通じたものですが、お客様は全員、平均して一度は私たちのコールセンターに電話をかけてきます。ですから、電話での対応の仕方にはかなりの注意を払っています。

そして、私たちの「顧客サービス」に対する姿勢を理解しているお客様に対しては、私たちの「企業文化」と「コア・バリュー」を理解してもらえるようにします。さきほども申し上げたように「企業文化」こそが、すべてを可能にする基盤だからです。

あるお客様は電子メールで、

「自分にピッタリの洋服や靴が届いたとき、ザッポスが幸せを箱に入れて届けてくれたと感じた」

と感謝を伝えてくださいました。

自分にピッタリの洋服を手にしたことで感じる幸せもあれば、「顧客サービス」の対応がすばらしかったことで感じる幸せ、また、わが社の企業文化の中で「従業員が会社を家族や友人の延長のように感じられる幸せ」もあります。

これらすべてを結びつけるのは、**ザッポスが「幸せを届ける会社」を目指している**という事実です。お客様に対しても、従業員に対しても、また業者に対してもこの姿勢は、当てはまります。

「ザッポス　10のコア・バリュー」こそ、一番大切な指針

ではザッポスの企業文化とはどんなものでしょうか？　わが社では、もっとも重要な「10のコア・バリュー」をまとめています。

「10のコア・バリュー」は、「重要」というだけではなく、「実行可能」なものです。「理念」などを掲げる企業は数多くありますが、その多くは「現実とはかけ離れたもの」で、まるで「小学校の校歌」のように聞こえるものもあります。

そうしたものは、入社して1日目のオリエンテーションで「理念」について聞かされることがあったとしても、その後は「意味のない飾り物」と化してしまうのです。

私たちは、実行可能なもの、つまり、**それに則って行動しているかどうかで、「社員の採用や解雇を決められるような指針」**を作りたかったのです。採用や解雇が決められないのであれば、それは企業の「コア・バリュー」ではなく、単なる文字の羅列にすぎません。

採用の面接や、従業員の勤務評価を行なう際には、それぞれの「コア・バリュー」に沿った質問を用意しています。

【ザッポス　10のコア・バリュー】

1：「サービスを通じて、ＷＯＷ（驚嘆）を届けよう」
2：「変化を受け入れ、その原動力となろう」
3：「楽しさと、ちょっと変わったことをクリエイトしよう」
4：「間違いを恐れず、創造性を持ち、オープン・マインドでいこう」
5：「成長と学びを追求しよう」
6：「コミュニケーションを通じて、オープンで正直な人間関係を構築しよう」
7：「チーム・家族精神を育てよう」
8：「限りあるところから、より大きな成果を生み出そう」

9：「情熱と強い意志を持とう」
10：「謙虚でいよう」

私たちが重要視しているのは、10番目の「謙虚でいよう」です。

世の中には、実に頭が切れ、才能も豊かだけれど、「自己中心的」な人が大勢います。そのような人は、わが社の面接に来ても、採用されることは、まず、ありません。

ほかの企業であれば、不採用にはならなかったでしょう。「そうだな、この人は気に障るし腹の立つ人間かもしれないが、優秀で、会社にとっては価値が高い。採用しよう」となるかもしれません。しかし、わが社では、このようなことは絶対にありえません。

「コア・バリュー」に則した質問をいくつかご紹介しましょう。

3番目の、「楽しさと、ちょっと変わったことをクリエイトしよう」という項目に関する質問は、「あなたの変人度は1から10の間でどれくらいですか？」というものです。

1ならば、ザッポスの文化には少し固いかもしれません。10なら、我々はあなたに

ついていけないかもしれません。

この質問で重要なのは数字ではなく、相手の反応です。人はみな、少しくらいはおかしなところがあるものです。

この質問は、ザッポスが「個々の個性と性格を認め、たたえる企業」であることを伝える手段なのです。

お客様と「個人的で精神的なつながり」を作る

社員には、同僚とのやり取りや顧客との通話を通じて、「本当の自分や創造性を発揮してほしい」と私たちは考えています。

コールセンターに「マニュアル」を用意していないのも、担当者の裁量に委ねているからです。

「お客様を驚かせ、喜ばせるにはどうするのが最善か？」は、それぞれの担当者に任せています。

お客様が私たちに2回電話をかけてくださったとして、1回目には、「おしゃべり好きで冗談をよく言って笑わせてくれる担当者」が出るかもしれません。それはすばらしいことです。

わが社では、「冗談を言うな」とか「いつも冗談を言え」などと強制したりはしません。それは担当者の性格によります。

そして2回目に電話をかけたときには、また違った担当者が出たとしましょう。その担当者は冗談を言うタイプではないかもしれません。しかし、担当者が犬を飼っていて、あなたの飼っている犬の鳴き声が電話口から聞こえてきたとしたら、担当者の心の中に「お客様に対する親近感」がわくかもしれませんし、「犬の話」でもりあがるかもしれません。

同じ地元の出身かもしれないし、生まれたばかりの子どもがいるかもしれません。いずれにせよ、わが社ではそれぞれの担当者の「裁量」に任せています。**一件一件の通話を通じて、お客様と「個人的で精神的なつながりを作ること」が私たちのゴールなのです。**

「チャンスに対してオープンな人」であれ

4番目は「間違いを恐れず、創造性を持ち、オープン・マインドでいこう」です。

これに関する質問は、「1から10の間で、自分はどれくらいラッキーだと思いますか？」というものです。

1は、「なぜかいつも悪いことが自分に降りかかる」という人で、10は、「なぜかいつも良いことが自分に起きる」という人です。

1の人は雇いたくないです（笑）。ザッポスに「不運」を持ち込まれては困りますから（笑）。

この質問は、全国レベルで行なわれた、ある調査をもとにしています。この全国調査では、参加者に「1から10の間で、自分はどれくらいラッキーだと思いますか？」という質問を投げかけ、質問のあとに、参加者全員に「ある作業」をしてもらっています。ひとりひとりに新聞を配り、そこに「写真が何枚載っているか」数を数えてもらい、終わったら調査員に「答え」を伝えるという作業です。

この作業で配られたのは「偽物の新聞」であり、「見出し」のあちらこちらに「この見出しを読んだら作業をやめてよいです。答えは『写真37個』です。そして、この見出しを読んだ人は、調査員から100ドル受け取ることができます」と書かれていました。

この実験では、「自分を不運だと思っている人」は、たいてい「その見出し」に気づくことなく、作業を進めました。正しい答えを導き出すことはできましたが、時間がかかりましたし、100ドルももらえません。

一方、「自分をラッキーだと思っている人」は、「その見出し」を見つけたとたん作業をやめ、100ドルもらうことができました。

つまり、**幸運か不運かは生まれながらのものではなく、物事の見かけにとらわれず、「チャンスに対してオープンな姿勢でいること」が大切なのです。**そのため、わが社でも、この全国調査と同じ質問をしています。

もうひとつ例を挙げると、車を買ったことのある人にはわかると思いますが、「ある車種の車を買おう」と決めてから買うまでの何週間か何カ月の間、突然その車種の

車があちこちで目につくようになります。

目につくようになったのは、ちまたに出回るその車の車種の数が増えたわけでも、誰もがあなたの真似をしようとしているわけでもありません。

「今まで気づかなかったことに気づくようになっただけ」なのです。そして、これから雇う人が**「他の人が気づかないことを気づける人かどうか？」**それがこの質問をする理由です。

The words of
Tony Hsieh

すべての情報を「オープンにする」ことが、自社の信頼を高めてくれます

「オープン」であるため、社員同士はもとより、業者にも情報を公開

「コミュニケーションを通じて、オープンで正直な人間関係を構築しよう」も私たちの「コア・バリュー」です。私たちはさまざまな手段を使い、可能なかぎり、「社内の風通しを良くする」ように心掛けています。

それは従業員に対しても、業者に対しても、顧客に対しても同じことです。「twitter.zappos.com」についてお話しましたが、わが社にはツイッターに関するポリシーはとくになく、社員には「現実的に、自分で最善の判断をすること」としか注意しません。そして、内容に関しても、あれこれ指図することもありません。

また、わが社は「Ask anything：アスク・エニシング（何でも聞いて）」という社員向けのニュースレターを発行しています。

これは文字通り、「社員が匿名で何でも好きなことを質問できる」もので、それは会社の財政状況についてでも、取り扱うブランドのことでも、何でもかまいません。そして私たちは月に一度、ニュースレターの中で質問に答えます。

また業者に関しては、1000の業者とブランドとの間でエクストラネット（企業間でイントラネットを相互接続したネットワーク）を使用しています。

一般的なほとんどの業者はとても秘密主義で、「全体的な売り上げを外部の人間に教えること」などは、ほぼありません。

しかし私たちは、業者らに対してエクストラネットを提供し、わが社のバイヤーがアクセスできる情報と「まったく同じ情報」を公開しています。

手持ち在庫や収益性、値下げや売り上げなどの、すべての情報を見られるようにしているのです。

このシステムをはじめて業者に見せたとき、ほとんどが驚いてこう言いました。

「ライバル会社に情報が漏れたらどうするんですか？」

たしかに、情報の一部はライバル会社にも渡るでしょう。

しかし逆を考えれば、**私たちが給料を支払っているわけでもない業者が、私たちのビジネスを「一緒に管理してくれている」ことにもなる**のです。

このことによる「利点」は「損失」を上回っており、「社内の情報」を共有することで、業者とより深い関係を築くことができるのです。

「情報をオープンにすること」が信頼を高める

先ほど「社内ツアー」について触れましたが、テレビや新聞の記者が取材に来た場合、わが社では、ほかの企業とはかなり違った対応をしています。

一般的な企業では、広報担当者が案内役として付き、「あそこにいる部長と広報担当者とは話をして結構ですが、ほかの人とは話さないでください」などと指示します。ですが、わが社でははじめに社内を案内した後、「トイレはあそこ、カフェテリアはあそこにありますから、好きに見て回って、誰と話をしても結構ですから、終わったら私のところに来てください」と自由に取材をしてもらいます。

このような対応ができるのは、私たちがきちんとした人材を雇い、研修を通じて「会社の長期的なビジョン」を理解してもらうようにしているからです。

このため、10人、11人といった社員に話を聞いた後は、記者の方々にも、わが社の

「コア・バリュー」や目標などが見えてくるようになるのです。

さらにわが社は、「zapposinsights.com」というウェブサイトを運営していて、中小企業からさまざまな質問を受け付けています（月40ドル）。

これは「アスク・エニシング」の「B to Bバージョン」といったところです。

たとえば、「採用面接のとき、どのような質問をするか」、「応募者をどのように評価するか」などといった質問をいただいたとします。

その場合、この質問内容についてもっとも詳しい人を回答者とし、ビデオインタビューという形で撮影し、公開します。「法律的に問題がある場合」を除いてはオープンにして、できるかぎりの情報を共有しています。

また、ライブでのプログラムも四半期に一度くらいのペースで行なっています。全米だけでなく世界の国々から約20社の企業が集まり、2日間にわたって、ザッポスのやり方をみっちり伝授します。情報は「オープン」にしていますから、いっさい隠しごとはしません。**すべて「オープン」にすることが、逆に、ザッポスの信頼を高めてくれるのです。**

The words of
Tony Hsieh

すばらしい業績を上げる
企業の共通点は、
「企業内での団結」です。
その共通の認識を持つために
「コア・バリュー」を
作るのです

「企業内での団結」がすばらしい業績と、ある程度の業績を分ける

ですが、中小企業の多くは、次のように思っているようです。

「ザッポスにはすばらしい企業文化があり、うまくいっているかもしれないが、それをうちの会社に取り入れても、うまくいくはずがない」

そこで、何冊かの本をご紹介したいと思います。

1冊目はジェームズ・C・コリンズ氏の『ビジョナリーカンパニー2』で、もう1冊は、デーブ・ローガン氏の「Tribal Leadership（トライバル・リーダーシップ）」です。

この2冊の本では、「長期的にすばらしい業績を上げる企業」と、「ある程度の業績で留まっている企業」とを比較しています。

「すばらしい企業」と「そこそこの企業」の違いについて論じていますが、大きな違いをもたらすもののひとつは、「しっかりした文化」。そしてもうひとつは、「企業内

での団結」なのです。

私は、「みなさんもザッポスのコア・バリューを取り入れるべきです」などと言うつもりはありません。そんなことをしても意味がありません。

ザッポスの「コア・バリュー」はザッポスにおいて意味のあるものです。同様に、**ご自分の会社に合った「コア・バリュー」を考えるべき**であり、同時に自分自身に対する「コア・バリュー」も考えておくべきです。

わが社が「コア・バリュー」を掲げたのは2004年くらいからのことです。ときおり、「ザッポスを一からやり直すとしたら、何か違ったことをしますか？」と聞かれますが、ほとんど同じようにすると思います。

なぜなら、何度つまずいたにせよ、そこから多くのことを学べたからです。その「失敗のおかげ」で、ザッポスは強くなれたのです。

社員全員が「ビジョンと目的」を持って働くようになる

ただし、ひとつだけ「やり直したいこと」があります。それは、「コア・バリュー」を会社設立と同時に打ち出すことです。設立当時、それができなかったのは、「コア・バリューを掲げるのは、大企業のやること」だと感じていたからです。

しかし実行可能な「コア・バリュー」をいったん定めれば、物事ははるかにスムーズに運ぶようになりました。

無駄な議論をしなくてすむようになり、**「社風に合っている社員」は自然と会社に帰属意識を持つようになる**のです。

先ほどご紹介した2冊の本は、団結の重要性を説いており、数多くの調査を通じてそれが証明されています。「そこそこの企業」と「すばらしい企業」との差を生み出すものは、売り上げや収益、市場でトップシェアを握ること以上に、「ビジョンや目的があるかどうか」です。

ザッポスを設立した当初、顧客サービスやブランドに対する「ビジョン」は何もありませんでした。それは1999年のことで、インターネット企業がひしめき合っていた時期です。私たちはただ、「オンラインで靴でも売ってみよう」と考えたにすぎ

ません。

その4年後になってようやく、「企業として成長したとき、どんな企業になっていたいのか？　単なる靴の販売業者でいたいのか、それとももっと意義のあることをしたいのか？」と考えはじめました。

そのときになって「ザッポスを最高の顧客サービスのブランドとして築き上げよう」と決めたのです。

それからは驚いたことに、従業員の自主性がアップし、それはコールセンターでの通話を通じて、お客様にまで伝わりました。お客様は、**「ザッポスの従業員は、給料のためだけに働いているのではなく、お客様の立場に立って考えている」**と感じることができたのです。

The words of
Tony Hsieh

仕事は「お金」で
選んではいけません。
「これから10年間、
1銭にならなくても
続けられる仕事」
それこそが、
あなたを生かす仕事なのです

「これから10年間、1銭にならなくても続けられる仕事」を見つける

起業家関連の集まりでスピーチを行なうと、ときどき、次のような質問を受けます。

「参入するならどの市場がいいでしょう？　どの分野ならたくさん稼ぐことができますか？」

その質問に対して私はいつも、

「考え方が逆ですよ」

と答えます。

「『お金』ではなく『ビジョン』を追いかけてください。皮肉なようですが、**自分のビジョンに対して本当に熱意を持っていれば、お金はあとから付いてくる**のです」と言っています。

そしてその「ビジョン」とは市場シェアや収益で1位になることや、売り上げを伸

ばすといったことではありません。

ですから、お金ではなくビジョンを追ってください。『ノートリアス』という映画の中で、ラップ歌手のパフ・ダディーがノートリアス・B．I．G．にこう言っています。

「札束よりも夢を追え」

あなたが起業家なら、ぜひこれを実行してもらいたいと思います。

「これから10年間、1銭にもならなくても続けられるくらい情熱」を持って取り組めることとは何でしょうか？　それをビジネスとしてはじめるべきなのです。

従業員を抱えているなら、彼らの仕事における「ビジョン」や「目的」は何なのかを考えてください。従業員が、そしてあなた自身が心の底から信じられる「ビジョン」を見つけましょう。

インスパイアされた社員は、自発的に行動しはじめる

「お金や利益を得ること」よりも、「1位になること」よりも、すばらしい目的とは何なのかを考えてください。

心の底から信じられる「ビジョン」や「目的」がわかれば、すばらしい企業への第一歩を踏み出したことになるでしょう。

ちまたには、「社員のモチベーションを高める方法」を説く講演者やセミナー、書籍などがあふれています。

たしかに、「インセンティブ」や「表彰」などもある程度は効果を発揮しますし、「不安をあおること」で社員を動かそうとする企業も数多く存在します。

しかし社員を「モチベートすること（動機づけすること）」と「インスパイアすること（気づきを与えること）」の間には大きな違いがあると私は考えています。

より大きな目的やあなた自身が心の底から信じている「コア・バリュー」を通じて社員を「インスパイア」することができれば、より多くのことを達成できるだけでなく、モチベートする必要はもはやなくなります。

なぜなら、**インスパイアされた社員は「自発的に行動しよう」とするため、もうモチベーションを高める必要もなくなる**のです。

最良の企業は、「収益、情熱、目的」を一体化する方法を知っている

最後にお伝えしたいことは、「幸福学を学ぶことが自分のビジネスやブランド、そして自分自身にどう役立つのか」を考えてほしいということです。

多くの人は「どうすれば幸せになれるのか」についてわかっているつもりになっていますが、研究の結果を見ると、実際にはわかっていない可能性のほうが高いと思います。

すばらしい企業の特質とは、「より崇高な目的を持つこと」であり、それはお金や利益、収入、市場シェアでトップを取ることなどではありません。

最良の企業とは、「収益」と「情熱」、そして「目的」を一体化する方法を見出した企業です。同様に、**最高に幸せな人々は、「喜び」と「情熱」、そして「目的」を兼ね備えた人たち**なのです。このような共通点が存在するのはおもしろいと思います。

私は、靴や洋服を売るためお話をしたわけではありません。

みなさんが私の話によって、何かしら感じるものがあり、顧客との接し方をより良いものとしたり、顧客をより満足させられるよう「顧客サービス」に真剣に力を入れようと思ったり、従業員がより幸せになれるよう「自社のコア・バリュー」と「文化の構築」に力を入れようと思ってくださったり、「幸福学」をもっと学び、幸せになろうと思ってくださったなら、**私は、「世界に幸せを届ける」という、ザッポスの「崇高な目的の達成」に貢献できたことになるでしょう。**

chapter

3

The words of Bill Harris

ビル・ハリス

[『ザ・シークレット』出演者　世界的セラピスト]

The words of
Bill Harris

ビジネスの原動力となったのは、「お金」ではなく「情熱」

「燃え上がる情熱」こそが、ビジネスの出発点になる

今、何かとてつもなく大きなことが起きたか、もしくは、たった今起きていると私は思っています。**「メディアは常に遅れをとっている」**ので、自分がしっかりと目を見開いていないと、見すごしてしまいます。

私は、今回、みなさんに今起こっていることで、「ビジネスに関わる極めて重要なお話」をしたいと思います。

普段、ビジネスの話はせず、「ホロシンク」や人間の意識などについて話しています。ホロシンクという言葉をはじめて聞く方が多いかもしれません。まず、ホロシンクとは何かについてお話しましょう。

ホロシンクは、「オーディオ技術の一種」で、ニューヨークのマウント・サイナイ医療センターのある科学者の研究に基づいています。

その科学者は、１９７０年代に「ヘッドフォンから異なる組み合わせの音波を流すと、脳波のパターンを変えることができる」という内容の記事を発表しました。ある音を片方の耳に流して片方の脳を刺激し、もう一方の耳には違った音を流すというものです。

当時は、さまざまな「脳波のパターン」に関して数多く研究されており、瞑想時の脳波、創造性が高まった状態の脳波、スーパーラーニング時の脳波などが話題になっていました。

そんな中、私を含む多くの人が、「冴えた状態の脳波がどのようなものであり、その状態をどう人為的に作ればよいかも明らかになっている、ならば、実際に活用できるのではないか」と考えていました。

「瞑想」に興味があった私は、この方法を試し、圧倒されました。瞑想のプロセスがとてつもなく加速したからです。

そこで、自宅のキッチンを事務所にして、「ホロシンクを販売する会社」を立ち上げました。当時は、経営の仕方もわからなければ、ビジネスやマーケティングに関しても素人。ただ、わかっていたことが「ひとつだけ」ありました。

「ホロシンクを試していた4年間で私の人生は劇的に変わり、それを一緒に使っていた人たちにも同様の効果があった」

ということです。

その4年間で、これを私的に使用していた人は約150人に上り、その全員が「人生を劇的に変える体験」をしていました。そのうちのひとりが、「これを商品化して一般の人も使えるようにしよう」と提案しました。

当時の私の年収は3万ドル（230万円）。ホロシンクでお金を稼ぎたくてたまらなかったので、パートナーに次のように言いました。

「今の収入は3万ドルしかない。もう3万ドル稼げたら、すごく嬉しいのだが…」

販売開始から2年半後、「3万ドルどころではなく、ひょっとすると、かなり儲かるビジネスかもしれない」と気づきました。

もちろん、**私を動かしていたのは、紛れもなくホロシンクに対する「情熱」**でした。

とても良い本や映画に出合って、「この映画、見たほうがいいよ」とまわりの人たち

に勧めるような感覚です。最初は、「お金を稼ぐこと」なんて考えてもいませんでした。お金について考えるようになったのは、しばらく経ってからでしたし、**「お金は後からついてきたもの」**なのです。

「ホロシンクを一般の人にも使ってもらいたい」という「燃え上がる情熱」を持っていたからこそ、最高のマーケティング・スペシャリストやビジネスに精通した人を探し、その人たちから学ぶことができたのです。

The words of
Bill Harris

お金とは「前払い」すると割安になり「後払い」すると割高になる

クレジットカードへの依存は、貧しさから抜け出せない理由のひとつ

現在、はっきりとした理由もわからないのに、誰もが、何かを感じ、「漠然とした不安」を抱えています。**誰もが「何かとてつもなく大きな変化が起き、もう元に戻ることはない…」と考えています。**

マーケティングの観点から見ると、この変化の大部分は、「金融危機」に関係しています。私たちを取り巻く経済に何が起きているのでしょう？　変化が起きると、なぜ元に戻らないのでしょう？

「金融危機」に関連する変化が、ビジネス・パーソンであるみなさんに、どのような影響を与えるのかについて、ご説明しましょう。

私は「金融の歴史」に興味があって、毎日2〜3時間、金融関連のニュースレターや、金融・経済関連の本を読んでいます。

そこで、まずは、私が得た「金融の歴史」について大まかな全体像をお話ししたいと思います。

戦後、消費者は、お金でモノを買うのではなく、「クレジットカードで買い物をする」というサイクルに入っていきました。

それ以前は、「借金をするのは、とても悪いこと」だと考えられていました。良しとされていたのは、「自己回収型の債務」です。「自己回収型の債務」とは、会社を設立、または買収するために借金をし、十分な収益を上げることで債務を返済するという、「前向きの借金」のことです。

「買い物をするためだけに借金をする」のは、ばかげたことだと考えられていました。実際、それはばかげています。クレジットカードで買い物をし、「分割払い」にすると、商品の代金だけでなく「金利」まで支払わなければならないからです。

「クレジットカード」への依存は、貧しさから抜け出せない理由のひとつでもあります。「お金を稼ぐ前にモノを買ってしまう」ため、すべてに対して割増料金、つまり「金利」を払わねばならなくなるからです。

よく考えてみてください。**他の人より稼ぎが少ないのに、あらゆることに他の人よ**

Bill Harris
ビル・ハリス

りたくさんのお金（商品代金＋金利）を支払っていたらどうなるでしょう。お金持ちになれるわけがありませんね。

お金というものは、現金で「前払い」をすればたいてい「割安」になりますが、逆に、分割などで「後払い」をしてしまうと借金を抱えることになるのです。

「借金による支払方法」は、ここ数十年で大幅に浸透しました。

今では、月収の半分を借金の返済に充てたり、ひどいときは「毎月の分割払い」を払うためだけに月収が消えたりしています。

銀行はこれによって「定期的な収入」を確保できます。たとえば、クレジットカードを分割払いで使用する何百万人、何千万人の人がかかえる借金の「25％もの利子を収入として得ることができる」のです。

このような形でお金が出回ると、「インフレ」が起こります。モノの値段が上がるのです。なぜでしょうか？

今、市場には「何兆ドルもの負債というお金」が出回っている

あなたには、現在、使えるお金が0円で、私が10万ドルぴったり持っていたとしましょう。そして、私があなたに「10万ドルを貸した」としましょう。

あなたは10万ドルを得ましたので、この10万ドルで買い物ができます。お金を貸したときに作られるのは、「借用証書」です。私はあなたから「10万ドルの借用証書」を受け取ります。当然、私の所持金は0円になりますね。

そして、あなたの信用度は高いので、この「借用証書」はお金として使えます。そこで、私はこの借用証書を、お金をたくさん持っている人へ譲渡したとします。こうした借用証書は「債券」と呼ばれます。すると私にも10万ドル入ってきたわけですから、私もその10万ドルで買い物ができますね。

つまり、「あなたが借りて得た10万ドル」と、「私が債券を譲渡して得た10万ドル」は、すぐに消費にまわるわけですから、合わせて20万ドルのお金が世の中に出回ることになるのです。最後に「債券」を引き受けた人は、当然、お金持ちなわけですから、

10万ドル払っても、関係なく、自分の持っているたくさんのお金で買い物ができるわけです。

そうなると、経済全体で、「消費として出回るお金の額が増えたこと」を反映し、「モノの値段が少しずつ上がる（インフレが起こる）」のです。

過去50～60年間、これが続いていました。

しかし、いろいろな債券や借用証書が抱き合わせて売られるようになると、手から手に渡るたびに額が記録のうえで増えていき（金利がどんどん増え）、市場には何兆ドルにも上る「負債」というお金が出回るようになりました。

「借金が返せない状態」とは、お金がこの世から消えるということ

これは「当たり前」のことで、私たちの知っている経済のあり方でした。

しかし、いくつかのことが引き金となり、このシステムは「持続不能」であることがわかりました。

ひとつは「住宅市場の崩壊」です。原因について説明すると長くなるので触れませんが、「不動産の値段が上がり続けると思われていたこの経済」に限界レベルがあって、上がり続ける不動産を売って「借金」を返せばいいと思っていた、その不動産の値段が下がってしまい、借金が返せなくなる事態が急増したのです。

このような事態になると、借金は消え去ります。「お金の天国」に行くとでも言いましょうか。あなたに10万ドル貸したのに、**「返せない」と言われたら、突如としてその「10万ドルの借金」は、この世から消滅します**。すると同時に10万ドルのお金も世の中から消えてなくなります。もうないのです。

こうして「消費」にまわるお金が減っていくと、これがインフレではなく「モノの値段が少しずつ下がる（デフレが起こる）」原因となるのです。

The words of
Bill Harris

米国の消費者は、
「死ぬまで、出費を
控えて貯蓄に充てる」
ことを、
すでに選択している

「お金を稼ぐ前にモノを買うという行動様式」の時代は終わった

「デフレ」が起きると、人はお金を使わなくなります。「ある資料」には次のようなことが書かれていました。

「本日発表された調査によると、景気低迷にともない、米国民は出費と貯蓄の仕方を永久的に変えました。**米国民の63％が『個人の財政状況は永遠に元の状態には戻らない』と考えています**」

永遠に生きる人はいません。つまり「死ぬまで、出費を控えて貯蓄に充てる」と考えているということなのです。

「景気後退の影響で、家計の状態は永遠に変わってしまいました。景気後退以前のパターンに戻ると答えたのはわずか29％にとどまっています。それに加え、59％が日々の出費を今後も抑え続けるとし、61％がクレジットカードの使用を控えると答えています」

「このような環境」に私たちは突入したということを、まず、ご理解ください。

「悪いニュース」をお伝えしたくはありません。きっと、「幸せへの改革」などについて話すほうがよいのでしょう。でも、あえて言います。

現在、私たちの経済に起きている「世界的な不況」は、決して終わりを迎えてはいません。これから経済はもっと「悪化」します。

クレジットカードの使用を永久に控えると考えている人々が過半数を超えている時点で、「お金を稼ぐ前にモノを買う時代」は、ほぼ終わったと考えていいのです。

おそらく「私たちが生きている間」に、「好景気」の時代が戻ってくることはないでしょう。

「信用取引やクレジットカードがなくなる」と言っているわけではありません。ただ、これまでのような、**「お金を稼ぐ前にモノを買うという行動様式」が以前の水準に戻ることはない**ということです。

ただし、ビジネス・パーソンとしてすべきことをしていれば、必ずしも悪いニュースではありません。
つまり、これは「とても大きな変化だ！」ととらえることができます。

では、今までのような、「景気の良い時代の買い物の仕方」を考えてみましょう。
お金がたくさんあり、ポケットにはクレジットカードが入っていて、安定した収入もある場合、「あの自己啓発プログラム、高そうだけど、おもしろそうだな。クレジットカードで買ってみよう！」と簡単に買えます。それは、「クレジットカードで払った分の返済ができる」とわかっているからです。

「古いソファーが少し傷んでいるから、今日は午後から新しいのを買いに行こうか。もちろん、支払いはクレジットカードで」ということにもなります。
好景気のとき、人はあらゆるモノを買います。それは**「いずれは、お給料で、返済することができる」とわかっているから**です。

今までは、このような買い物の仕方が「普通」でした。しかし、昔からずっと普通

だったわけではありません。普通だったのは、実は、ここ最近30年ほどのことで、おそらく、その前の30年間はこのシステムへの移行期だったのでしょう。

他国にも過去に「好景気が絶頂を迎えた時代」があったかもしれませんが、「お金を稼ぐ前にモノを買う」というような買い物の仕方は、「好景気にある国の典型」なのです。

The words of
Bill Harris

これからの世の中は「真に価値あるものを提供すること」なしに、モノは売れない

今までの商品は、実は「たいした価値のないものばかり」だった

「お金がない」と感じると、人は、買い物に対して非常に「保守的」になります。

ビジネス・パーソンやマーケティングに携わる人なら、これに対処しなければなりません。すべきことはたくさんあります。その中のいくつかは当たり前のことに思えて、わざわざ聞く必要もないと思うかもしれません。「それはもう、すでにやっていますから」と。しかし、案外、できていないものなのです。

ですから、これからお話することをしっかり考え、「自己分析」をしてみてください。そうすれば、ビジネスが円滑に進むでしょう。

ひとつ目は、あなたは「何らかの価値を提供しなければならない」ということです。

過去数十年の間に売られた商品の約半数は、**実は「たいした価値のないものばかり」だった**のです。理想主義の産物ともいえます。

たとえば、1970年代、セミナー会社はせいぜい4~5社しかありませんでした。

さて、現在開催されているセミナーは、いったい、いくつあるでしょう？「無数」

です。そのうち、「基本的に同じことを教えているセミナー」はいくつあるでしょうか？

「ここでしか聞けない！」というセミナーは稀で、あとのセミナーは「基本的に同じ内容」なのです。

現在のような環境の中で、こういった「同じ内容」のセミナー会社の大半はどうなると思いますか？「淘汰」され、つぶれていきます。

ほかの数多くの「商品」についても、同じことが言えるでしょう。同じような商品が多すぎるのです。

ですから、あなたの扱っているものが「似ているものがある場合」や、「現実的な問題解決に真に役立たない場合」、「買う人が本当に必要としているメリットを提供できない場合」、ビジネスはうまくいきません。

「市場で売れている良いもののマネをしよう」と右往左往している人を多く見かけますが、みなさんは、もっと真剣に考えなければいけません。

私も理想を求めて動いていた時期がありましたが、今は理想主義者ではありませんので、事実をありのままに話します。嫌なことも良いことも言います。だからこそ人々は私を信用してくれるのです。

これからの時代は「真に価値あるもの」以外は売れない

これからお話しすることは、「肝に銘じていただきたい問題」です。

あなたの売っているものが**「他と似たものだったり、真に役に立たないもの」であれば、今までと違って、これからの時代は、誰も買ってはくれません。**それについてしっかりと考えなければなりません。

公開されているイベントに出向いたりすると、いつも大勢の人が「自らのビジネス」や「これからやりたいこと」などを話してくれます。

失礼になるのであまり言いたくないのですが、そういったアイデアのほとんどは「実行可能なもの」ではありません。「真の価値をともなっていないから」です。

今よりも理想主義的だった時代には、価値があったかもしれません。しかし、「消費者の財布のひもが固くなった今」では、価値はないのです。

あまり良い話ではありません。もっと、明るい話を聞きたいとお考えの方もいるでしょう。けれど、もし、バスが時速80マイルのスピードで私をめがけて突進してきているとしたら、私は誰かにそのことを「教えてもらいたいと思う」でしょう。そうすれば避けられるからです。

何も知らずに、「気持ち良いし、明るいし、楽しいな。幸せな改革だ」なんて言っていたくはありません。自分を守るだけでなく、成功して、これからの時代に人の役に立つためにも「現状を知る必要」があるのです。とにかく、今後は「真に価値あるものを提供すること」なしに、ものは売れないのです。

The words of
Bill Harris

「商品が
使われない」なら
もうあなたから
買わないし、
他の人にも勧めません

商品の価値は「具体的」に説明しなければ売れません

2つ目は、「価値を信頼される方法で伝えること」です。お勧めしたいのは「マーケティングを本当にわかっている人から学ぶこと」です。

私のマーケティング・ディレクターであるブラッド・アントン氏は、過去25年で最高のマーケティング・トレーナーのひとりです。

ブラッドと私はレセプションなどに参加した際、いろいろな人に彼らのビジネスや商品の利点などを尋ねました。

返ってきた答えは、とても興味深いものでした。ほとんどの人が理想主義的な話をしていたのです。

「自分の商品の価値は、具体的に説明するように」

と私はいつも話しています。そうすれば聞くほうも「そうだ、それが私の求めているものだ」と想像できるからです。

しかし、「私の商品であなたは幸せになれます」と言われたらどうでしょうか。想像するのが難しいと思います。そのような場合、相手の幸せの形に当てはまるものを「具体的な形で説明すればよい」のです。

商品は、使ってもらってはじめて、価値を理解してもらえる

私は「価値を提供すること」に力を入れており、多くの時間を注ぎたいと考えています。それが真に革命的なビジネスのやり方だと思います。けれど、そう考える人はほとんどいません。

大半の人は、自分が商品を売って、お客様がそれを買うと、「ありがとうございました。あなたは商品を受け取って、私は代金を受け取った。めでたしめでたし」という考え方をしています。

実は、「買ったものを一度も使わなかった」という人が多くいます。使わずに、利益や効果を得られるはずがありません。使ってもいないその商品を、また買おうと思うでしょうか？　これはとても重要なことです。

「商品を実際に使用してもらうため」に、あらゆる手段をつくす

人に何かを買ってもらっても、「使ってもらえないこと」というのは多いのです。買ったのに読まない本や、買ったのに見ないＤＶＤなどは、その典型です。

ほかにも、一度は使いはじめたけれどやめてしまったり、使い方を間違えていたり、故障したために使うのをやめてしまったり、それを使用することで副作用などが生じて、「もういやだ、こんなのやめた」と、使用をやめてしまうこともあります。

こういった場合、顧客は「この商品から利点を得られていない」のです。つまり、

「商品がちゃんと使われなければ、もうあなたからは何も買わないだろうし、ほかの人に勧めることもない」

でしょう。

これは非常に重要なポイントですが、このことを理解している人はほとんどいないのが現状です。「この一点」に注意することで、私は収入が５０００万ドル増加しました。ホロシンクやその他の商品を「買ってくれた人が効果を得られるように努力し

ただけ」でです。

では、「購入者に効果を得てもらうため」に私たちが何をしてきたか、具体的にお話しましょう。

ホロシンクをはじめて買った人には、購入後すぐに「礼状」を送ります。感謝の意を示すことはもちろん、「商品の利点を再認識してもらう目的」があります。

礼状には「ギフト」を添えます。**我々と顧客との間の関係を強めるためです**。

実際、それは購入する前の段階から行なっています。これについてはのちほどお話ししたいと思います。そして、「アフターケア」の手紙も出します。

「ホロシンクを使うと、とても深い瞑想状態に入ります。意識が活性化され、主に2つのことを自覚するようになります。ひとつは『超越意識の状態』で、ダライ・ラマ法王や僧侶などが常に瞑想することで体験しようとするものです。しかもホロシンクを使えば、かなり早くこの状態を体験することができます。瞑想修行の最初の20年間を省略できるようなものです」…といった内容の手紙です。

一方で、あまり体験したくないような、自分の醜い部分も自覚してしまいます。人はみな、社会通念で悪いとされているような自分の行ないは、意識の外に追いやってしまいます。

この理想主義的文化の中には、受け入れがたいことが数多く存在し、そのため私たちは、自分の身勝手さや金銭欲、嫌な自分などを「なかったことにしてしまう」のです。

ホロシンクを使うと、「今まで見ないようにしてきた自分を自覚する」ようにもなるため、大変動が起こります。こういった自覚には非常に大きな利点があります。本当に大きな恩恵を被ることができるのですが、このようなことが起きると、ショックが大きく、使うのをやめてしまう人もいます。そこで最初の6カ月間は、2週間ごとに「アフターケアの手紙」を送ります。

1通目は、「ホロシンクのご使用を開始してから2週間になります。そろそろこのような経験をされているのではないでしょうか」ではじまり、ほかの使用者が実感した効果も繰り返し伝えます。顧客は「そうだ、そのためにこれを買ったんだった。そろそろ箱から出して使いはじめたほうがいいな」となります。
効果を伝えるだけでなく、起こり得る問題やその対処法についても、繰り返し伝えます。私どもの会社には、「カスタマーサポート」を専門で行なっているスタッフも常駐しています。

また、私自身ブログを開設していて、高いアクセス数があります。そこに「商品の問題に関する記事」を掲載しています。そのほか、ホロシンクの利点や起こり得る反応、長い目で見た効果などを説明した私の著書も「無料でプレゼント」しています。

以上のように、ホロシンクの**「継続利用を促すためにあらゆる手段を使う」**のです。何か不快な副作用が起きた場合は、すぐにサポートをします。なぜなら、その後も使用を続けてもらうためです。

The words of
Bill Harris

ほとんどの会社が
やらないことは、
「ちゃんと効果を
受け取ってもらう
努力をすること」

「購入者に効果を得てもらうこと」を、徹底的に考える

もう少し「一般的なレベルの話」に置き換えてみます。

もちろん、今まで話したことを応用しにくいビジネスもあるでしょう。たとえば、タクシーの運転手をしている人などは、難しいかもしれません。代金をもらって、別れてしまえば、もう何のつながりもなくなります。

けれど、どうかみなさん「これを私のビジネスにどう応用できるだろう?」と考えてみてください。

たとえば、「チェーンソー」を売っているとしましょう。

説明書が難しくて、使い方がよくわからなかったとします。私は機械には非常に疎いので、おそらくわからないと思います。足を切り落としてしまうかもしれません。使い方を間違えないように、説明書を書き換える必要があります。

その商品が、「ある一定期間使うと壊れる」傾向にあるとしたらどうでしょう。それがわかっているのなら、その時期に連絡を入れるようにし、新しいチェーンソーを提供するなど、何か「考えられる方法」があるはずです。

また、購入した人が「なぜ使いはじめないのか」「なぜ途中で使うのをやめてしまうのか」「なぜ使い方を間違えてしまうのか」を、徹底的に考える必要があります。

使用していると手に豆ができてしまうのかもしれません。その場合は、その可能性をきちんと伝え、その予防法を教えましょう。

「シンプルで、ありきたりのこと」だと思う人がいるかもしれません。けれど、最初に買ったときの体験が良ければ、次もあなたから買ってくれる可能性も、人に勧めてくれる可能性も高くなるのです。

にもかかわらず、**「購入者に効果を得てもらうことを徹底的に考えて、それを実行できている会社」は非常に少ないのが現状なのです。**

コストよりも「効果を実感してもらうこと」を重視する

私たちの売り上げの半分は、ホロシンクを使用し、それを広めてくれる人たちによってもたらされています。彼らのところに、近所の人が「うちの息子がとても落ち

込んでいるんだ」と相談しにきたとします。

ホロシンクを使っている人は、「ホロシンクを使ってみたら？　私も落ち込んでいたときに買って使ってみたんだ。信じられないことが起こったよ。10年ずっと落ち込んでいたのが治ったんだ」とアドバイスをしてくれるでしょう。

人に広めてくれる理由は2つあります。

まず、それが**「真に価値のある商品で、優れた効果が得られる」**からです。もうひとつは、「継続して使用してもらえるように私たちがフォローしているから」です。

使い続けてもらうことで、もっと買ってくれるようになります。ホロシンクは段階的なプログラムで、順を追うごとに強度が増していきます。そして、使用者はほかの人に勧めてくれるようになるのです。

みなさんも「具体的な説明」をしなければなりません。商品がただすばらしくて、「愛や明るさや喜びをもたらしてくれる」というような抽象的な説明では、少なくとも自己啓発商品の場合、うまくいきません。

インターネットビジネスの場合で考えると、まず顧客が、「買ったのに使わないのはなぜか?」について真剣に考えます。そして、それを回避する方法を考えてください。

手っ取り早いのは、お客様に連絡をして、**「商品を使用することによって得られる利点を伝え続けること」**です。そして、問題が生じたときは、いつでも問い合わせをするように促します。

私がアフターケアの手紙を出したり、無料のギフトを配ったり、電話での問い合わせ受付をはじめたとき、周囲の人は「やめたほうがいい」と言いました。「コストがかかりすぎるから」と。

でも、私は「多くの人に理解してもらい、使ってもらいたい」という一心でした。

「自分が真に情熱を傾けられることを実行したにすぎないし、多くの人にこの商品を役立ててほしいという思いがあった」

のです。「コスト」のことは考えていませんでした。けれど、結果として私の経営判

断は正しかったのです。

みなさんも**「コストよりも、商品の効果を実感してもらうこと」を考えてください。**「買っても使いはじめない人がいるのはなぜか?」「使い方がわからなくなるのはなぜか?」ということを追究してください。

消費者は、その商品のどこかに壊れる余地、または使い方を間違える余地があれば、必ずそれを見つけ出します。発想が非常に豊かなので、私たちには考えつかないようなことを思いつくのです(笑)。あなたの顧客も同じです。

彼らが困惑して使い方を間違えたりしないように注意を払いましょう。商品の良さがわかるようにし、使用を続けてもらえるようにしましょう。

ほとんどの会社がやらない、その一点にこだわれば、必ず業績は伸びていきます。

何もしないより、何かをしたほうが成功の確率は上がる

もちろん、顧客全員に「商品のメリット」を伝えられているわけではありません。ですが、何もしないより何倍も成功率が高いのは事実です。そしてこれが、ホロシンクが「口コミ」で広まる理由でもあるのです。

これも、非常に重要です。理想主義的な時代、つまり好景気の時代には、「聞こえが良いだけの商品」でも、消費者はクレジットカード払いで買っていました。しかし、繰り返し述べてきたように、今はもうそのような時代は終わり、状況はこれからもっと悪くなります。したがって、「真の価値を提供しなければならない」のです。

これからは本当に「真の価値」がなければだめなのです。その価値を明確に伝え、商品を買った人が、「その価値を確実に受け取れる」ようにしなければなりません。

私はこれを20年間続けています。「経済危機」が起きてからはじめたわけではありません。しかし、今までは、そのようなことをしなくてもビジネスはうまくいき、食べていくこともできていました。

ですが、そのような時代は終わりをつげたのです。

The words of
Bill Harris

「2%の行動する人」になれ

過去から脱却しつつ、「価値あるもの」は残し活用する

さて、ここで、「社会の現状」について少しお話ししたいと思います。

この社会は私たちの育った「理想主義的な段階」から「現実的な段階」へと移り変わっています。**社会の段階が変わるときには、「いらないもの」と一緒に「大切なもの」まで損なわれてしまうことがあります。**

１９５０年代の人々は、「しきたりを大切にする世代」でしたが、私の世代であるベビーブーマーやヒッピーたちは、その「しきたり」を捨て去ってしまいました。しきたりに関連するものすべてを「悪」と見なしたのです。

私は、世界的な大ベストセラー『こころのチキンスープ』の著者であるジャック・キャンフィールド氏の設立した「変革リーダーシップ会議（ＴＬＣ）」という団体に属しています。

そこには変革を指揮するベビーブーマー世代のリーダーが数多く在籍していて、ジョージ・ブッシュ米元大統領のような「しきたりを重んじる時代を代表する名前」

が上がると、ヤジが飛びます。ＴＬＣのメンバーはみな、愛と調和を重視する人たちだからです。

だからといって、「しきたりを重んじる人たち」＝「ＴＬＣと対立する存在」と言いたいわけではありません。

「大きな変革が起きると古いものと一緒に大切なものも捨てられてしまう」ことを理解してもらうために、この例を出しました。

今、起きようとしていることは、「古い理想主義の概念とともに、その良い面までもが捨てられてしまおうとしている」ということです。

さて、みなさんのほとんどは「理想主義の時代」に育ったため、これからの「現実主義の時代」への移行には抵抗があるでしょう。

しかし、少なくとも「ビジネスにおいては、変わらねばならない」のです。そして、変わるだけでなく、「理想主義の良いところは残しておくべきだ」ということです。

過去から脱却しつつも、「価値あるものは残し、活用する」のです。

大きな変革が起きた際に、大切なものをしっかりと残しておける人が、「新しい時代の真の改革指導者」になれるのです。みなさんは、この理想主義が新しい時代に何らかの形で残るべきだと思いますか？　私はそう思います。

この理想主義は終盤にかけて過熱し、「とんでもない状況」になっていました。ですが、そうなると、私たちは「すべてをいっぺんに捨ててしまいがち」です。

しかし、「良い部分は残しておくという責任」が私たちにはあるのです。これについても考える必要があるでしょう。

何かを達成するには、「実際に行動」を起こさなければならない

では、これに関連するお話で締めくくりたいと思います。

私は10年ほど前、ある人物に会う機会に恵まれました。

インターネットバブルのそのころ、自分もその好景気にあやかりたいと思い、私は

会社を立ち上げました。非常に頭の切れる人たちから「まずは知名度の高い人たちを集めるべきだ」とアドバイスを受けました。

そんなときに紹介されたのが、ロバート・ダンジグ氏です。数多くの新聞や有名な雑誌を発行し、いくつものテレビ局を所有し、300億ドルを売り上げるハースト・ニュースペーパー・グループのCEOでした。私は彼と親しくなりました。

彼は「孤児」として育ち、とてもつらい子ども時代を過ごしたそうです。ある里親の家族は、彼を電気も通っていない屋根裏に住まわせたといいます。明かりもつきませんでした。

食事は階段の下に置かれ、彼はそれを自分で取りにいって、真っ暗な屋根裏に戻り、ひとりで食べなければならなかったそうです。

里親の家にも長くいられたわけではなく、その家庭の都合が悪くなれば、よそへ移らなければなりませんでした。

いつも「これからどこに行けばいいんだ?」という不安感にさいなまれ、「誰も僕を愛してくれない」という思いを持っていました。

あるとき、彼はある福祉事務所の民生委員の女性と出会います。

その女性は、彼との面会の終わりに毎回必ず、彼の両手を握り、こう言いました。

「ロバート、これだけはわかっていて。あなたは大切な存在なのよ」

誰からもそんなことを言われたことがなかった彼は、まるで温かいミルクに包まれるような感覚だったと言っていました。

彼が前進し続けられた唯一の理由は、「その言葉」だったといいます。

その後、彼はニューヨーク州アルバニーにある、アルバニー・ユニオン・ヘラルドという新聞社に「雑用係」として入りました。そこから苦労を重ねて編集長に就任し、やがて、発行するすべての新聞を統括するまでに上り詰めました。

その間、彼は周囲の人々に「同じメッセージ」を送り続けたといいます。彼のウェブサイト、「bobdanzig.com（ボブ・ダンジグ・ドット・コム）」にアクセスすれば、彼の感動的な話を聞くことができます。

「理想主義的観点」から、最後にお伝えしたいのは、

「まず顧客にとって価値ある存在になってほしい」

ということです。それが私の一番伝えたいメッセージです。「お金をたくさん稼ぎたい」のなら、真に顧客の身になって価値を与えてください。

お金をたくさん稼ぐのは悪いことではありません。ただ、

「お金のためでなく、それに情熱を持って実行する」

ことをしてください。私は自分のキャリアをそうやって築いてきました。それから、

「あなたは大切な存在であり、仕事が何であるかにかかわらず、可能性に満ちた存在である」

ことを忘れないでください。

最後に、私が今話した理想主義的な話を相殺するために、「厳しい現実」を物語る統計で締めくくりたいと思います。

「どのようなセミナーでも参加者全体の2%しか学んだことを実行しない」といわれています。残りの98%は何もしないのです。

みなさんは可能性に満ちた存在であり、そして、**「何かを達成するには、実際に行動を起こさねばならない」**のです。

みなさんが「2%の行動する人」となることを願っています。

chapter
4

The words of
Eben Pagan

エブン・ペーガン
[最速で10億円ビジネスを作り上げる起業家]

The words of
Eben Pagan

「自分勝手」になり、
力強い自分になれ。
その力で
「社会的な貢献」をせよ

「まず自分の力をつける」→「その力で社会的な貢献」

ビジネスを起こすにあたり、たくさんの人が「世界を変えるような新しいこと」をしようと望んでいます。

けれど、「実際にそれを実現している人」が極端に少ないのは、なぜなのでしょう？　実現を難しくさせている要因は、どこにあるのでしょう？

私はここ数年、さまざまな「慈善事業」に興味を持ち、多くの慈善事業家の方々にお会いしました。私はビジネスマンですから、**「具体的な結果」が「あるか、ないか」で物事を判断します。**

その観点でとらえると、多くの慈善事業が、「成功しているとはいえない状況」だといえます。つまり、具体的な結果が「なかった」。しかも、慈善事業家の間には「お金さえ投じれば、どうにかなるだろう」という考えがはびこっていたのです。

慈善事業の場合は、必ずしも「お金が問題を解決してくれる」わけではありません。どれほどお金があっても「どうしたらそれを実行できるのか」「どうしたら具体的な

結果が出せるのか」を知らなければ、世界を変えることはできないでしょう。

「世界のために何かをしたい」、「世界に新しい価値を生み出したい」、「慈善活動をしたい」と思っていながら、「どうしたらそれを実行できるのか」を知らない人がとても多いように思います。

多くの人から高く評価されている成功者のひとり、「ビル・ゲイツ」を見てみましょう。彼は、大変価値のある会社を立ち上げました。巨額の富を得た彼は、引退という道ではなく、なんと「慈善事業」に取り組みはじめたのです。

一方で、お金持ちになるだけなって、「世界の現実」を知ることなく過ごしている人たちもいます。

そういう人たちとビル・ゲイツを比較すると、ビル・ゲイツの選択は社会に非常に大きな効果をもたらしているといえます。

彼のほかにも、世界中に学校、図書館、公園を作り、世界を変えている慈善事業家の方々が大勢います。彼らはみな、「どうやって物事を実現させるのか」「どうしたらそれを実現できるのか」を学んでいたからこそ、目標を達成できたのです。

読者のみなさんには、まず「自分勝手」になっていただきたいと思います。

自分勝手といっても「自己中心的」ではなく、

「力強い自分になるために、自分勝手になる」

のです。自分自身を強くし、ビジネスで成功を収めるだけの「力」を身につけたら、その「力」を基盤にして、社会的な貢献をしていく…つまり、

「まず自分の力をつける」→「その力で社会的な貢献」という順番が必要なのです。

私はみなさんに「成功」を手に入れてほしいと願っています。「挫折」をしてもらいたくはありません。

そこで、本書を手にした方々が、「成功をつかみ取り、楽しい人生を送る」ための「もっとも効率的な方法」について、これからお教えします。

The words of
Eben Pagan

ビジネスで最も大切な
【1】「商品」
【2】「マーケティング」
【3】「人間関係」
この3つを
考える時間をキープせよ

最も大切なのは【1】商品、【2】マーケティング、【3】人間関係

ビジネスにおいて「高い価値」を生むものとは何でしょうか？

長期間にわたり、お金、利益、価値、成長を生み出すもの。それは「3つ」あります。大きな利益と大きな価値を生む「3つ」とは、

【1】商品
【2】マーケティング
【3】人間関係

です。

ビジネスパートナーのラルフは、約6年間、私と一緒に仕事をしています（彼はかつて、10億ドル規模の企業のCFO［最高財務責任者］やVP［副社長］を務めたこともあります）。

彼がいつも言うことがあります。それは、

「もっとSKUが必要だ」

ということです。

SKUの意味をご存知ですか？「Stock Keeping Unit」の略で、在庫管理を行なう場合の最小の分類単位を意味します。

ようするにラルフは**「もっと商品が必要だ。在庫を増やせばビジネスは成功する」**というのです。

実際に、商品を作れば作るほど、商品の種類を増やせば増やすほど、顧客が増え、「顧客生涯価値」も大きくなりました。

【1】商品、【2】マーケティング、【3】人間関係、を考える時間を持つ

「マーケティング」もとても重要です。マーケティングは、「パートナーシップを結ぶ」「宣伝広告を出す」「手続きを移行する」「特許を取得する」「1対1の販売方法を行なう」など、ビジネスのさまざまなことと結びついています。

マーケティングを行なえば、お客様のほうからあなたのビジネスに近づいてくるでしょう。ひとたび顧客を獲得できれば、アップセリング（顧客に対してより高いラン

クの商品やサービスを勧めること）をし、他の商品を購入してもらうことも可能です。

「人間関係」も重要なポイントです。パートナー、チーム、従業員、そして投資家との人間関係を大切にしてください。オーナーにとって、これら「すべての人間関係」が、長期間にわたりビジネスを続けていくうえで重要になってきます。もっとも大切な「顧客生涯価値」も、人間関係で決まるといって過言ではありません。

毎日の仕事の「最初の2時間」を、【1】商品、【2】マーケティング、【3】人間関係に費やすためには、30日間、あなた自身を訓練し「習慣付け」をしなければなりません。

環境を整え、あなた自身もきちんと計画を立案し、まわりの人にも協力してもらいながら、「最初の2時間の習慣化」に取り組んでみましょう。

仕事の最初の「2時間」を何にもジャマされずに、【1】商品、【2】マーケティング、【3】人間関係、について考えるために過ごせれば、あなたの仕事は革新的変化を遂げます。

あるいは、「1週間のうち、丸1日か2日をこの習慣に使う」というやり方もあります。

ほかの日には別のことをして、その1日ないし2日には予定を入れないのです。

今一番やらなくてはならない最重要項目、【1】商品、【2】マーケティング、【3】人間関係、のために、なんとしても、あなたをジャマするものを排除し、この習慣を続けましょう。

The words of Eben Pagan

まずは、
「1万時間」をかけて
自らが「卓越」せよ。
その卓越した能力で
人々に貢献せよ

1万時間に達すると、「万全の基盤」ができる

私たちは自分自身を熟知し、自分自身を自由に操れるようにならなくてはいけません。そのために一番大切なキーワードは「卓越」です。「自分自身を自由に操る」とは、言い換えれば、「自分が卓越すること」なのです。

何人かの専門家による意見を総合すると、

「何かに卓越するには1万時間かかる」

という結果がでています。音楽、身体、ビジネス、社会、どんな分野においても、です。死ぬ気で頑張って「1日9～10時間」を3年間続けるか、それとも「1日3時間」を10年間続けるのか、それはあなたの自由です。どちらにせよ、卓越するためには「1万時間」が必要なのです。

どんな分野においても、「1万時間を投資した人」は明らかに「存在感が違う」の

です。何かに精通すると「傑出」するのです。

ほとんどの人は、「ひとつの道に留まろう」とは考えていません。あるビジネスのアイデアが浮かんでも、「うまくいかなかったからやめてしまおう」とか、「うまくいかないから別の仕事をしてみよう」といった具合に、せいぜい適当に仕事をしながら2～3年くらいでやめてしまいます。けれどそれでは「卓越」することはできないでしょう。

あきらめてはいけません。「ひとつの道に1万時間を費やす」ことをしましょう。1万時間に達すると、「万全の基盤」ができます。すべての動き、テクニック、技術、そういったものが、度重なる訓練で万全になるのです。

「何かに精通し、それを通して自分を表現できる」ようになってはじめて、まわりの人が、あなたの意見に耳を傾けるようになります。そしてあなたの分野で「価値をつくれる」ようになります。

どんな分野でもいいのです。どんな才能でもいいのです。あなたの力を発揮できるものがあれば、それを続ければいいのです。

マスターとともに過ごすほうが、ずっと深いレベルに到達できる

同時に、すでに何かに精通している「マスター」や、「良き指導者」を見つけることも大切です。何かに精通している「マスター」は、世界のすべての人がその恩恵を受けられるよう、現代社会や文化の壁を超える存在となっている人です。

彼らは、あなた以上に卓越した頭脳、知識を持っており、必ずあなたを導いてくれるはずです。あなたが何かに精通する過程をずっと早くしてくれるので、**同じ1万時間を過ごすなら、マスターとともに過ごすほうが、ずっとずっと深いレベルに到達させてくれます。**

あなたはある分野に精通し、「卓越する必要がある」のです。すべての行動、テクニックをその分野で習得し、それを使って他の人のために価値を作り、変革を起こすことです。「何かに貢献し、すべての人の役に立つこと」ができるはずです。

そのためにはまず最初に、「あなたが卓越する必要がある」のです。何かの分野に卓越してはじめて、「貢献という考え」に至ることができるのです。

The words of
Eben Pagan

中小企業の「ニッチ・ビジネス」を立ち上げるための「3つの質問」。

1：強い感情があるか？

2：顧客は自発的に動くか？

3：自社以外に選択肢があるか？

「新規ビジネス」の96％は、起業後10年で失敗する

自分を「熟知」し、「自由に操ること」ができるようになったら、成功をマスターする…つまり、「成功を自由に操れる」ようにならなくてはなりません。

あなたは成功を手に入れ、貧しさ、恐れに打ち勝ち、慈悲の心に富んだ人にならなくてはなりません。

私自身も貧しい家庭で育ち、お金持ちはみんな変人で、そして悪人で自分勝手だと思っていました。

しかし、私自身が成功すればするほど、そしてすばらしい成功者に会えば会うほど、**「お金持ちは、自分以外の人間のために力を尽くしている」ことに気がついた**のです。

ほかでもない彼らが、お金や時間、考え、知識、そして技術を寄与していたのです。

それではまず、いくつかのテクニックをお教えしましょう。

・「新しい商品を作るとき」

・「ビジネスを立ち上げるとき」
・「ニッチなビジネスをはじめるとき」

は、必ず、「良いもの」を作らなければなりません。

『はじめの一歩を踏み出そう―成功する人たちの起業術』（世界文化社）を書いたマイケル・E・ガーバーは、

「最初の5年で失敗をするビジネスが全体の80％、その残りの80％は、次の5年のうちに失敗をする」

と言っています。つまり、「全体の96％」が、起業後、最初の10年で失敗をするのです。

そして、残ったビジネスの起業家たち（残り4％の起業家たち）は、仕事から離れられなくなり、ヘトヘトになってしまうのです。

見込み客は、痛みや緊急、または理由のない感情を体感しているか

私が何年もかけて作り上げた、「3つのニッチテスト」をお教えしましょう。これは、実際に私も使っています。新しくニッチなビジネスをはじめたいとき、新商品を作る

とき、自分に問いただしてみるのです。

もしもその答えが「3つともイエス」であれば、その計画を実行します。反対に3つ全部イエスが得られなければ、「答えがすべてイエスになるまで」、手直しを繰り返し、練り直します。

起業の成功率が4%というところからもわかるように、ほとんどのビジネスアイデアにこの質問を投げかけると、「3つのノー」が返ってきます。もしもあなたがかなり幸運でも、だいたい「ひとつのイエス」ぐらいしか得られないでしょう。

ひとつ目の質問は、

「その商品の見込み客は、痛みや緊急、または理由のない感情を体感しているか」

ほかの言葉に言い換えれば、「その見込み客は、強い感情を抱いているのか?」ということです。

人が痛みを感じていたり、緊急な状態にあるときは、「もともとやる気がある人よりも動く」のです。認めたくありませんが、**人間は恐怖、欠乏などから（何かの痛みや不安がある状態から）、「それを解消するための買い物」に出かける**のです。

なぜ「強い感情を抱くこと」が大切なのかというと、感情が動かされた人間は、「動機づけの必要がないから」です。人を動機づけ、行動させるというのは並大抵ではできないからです。

見込み客は、何か問題の解決策を自ら模索しているか

2つ目の質問は、

「その商品の見込み客は、何か問題の解決策を自ら模索しているか」

言い換えると、「怠慢で無関心な見込み客たちが、重たいお尻を上げて、どうにかしようとしているか」です。

なぜ、解決策を「自ら模索している状態」が大切なのでしょうか。

もしも解決策を探していなければ、自分たちの売るものを「なぜ買う必要があるのか」について説得しなければなりません。また、見込み客を説得するのは非常にお金も時間もかかりますし、あなたも弱い立場に置かれるでしょう。

さらに、**人は、他人の考えに賛同して行動するよりも、「自分の考えから行動したがる」ことのほうが、はるかに強い**のです。ですから、「サーチエンジン・マーケティング」はとても重要なのです。

見込み客が解決策を「ネットで探している」のであれば、当然ＳＥＯやペイパークリック（クリック数に応じて広告費を支払う）を使ったマーケティング方法をうまく利用しなくてはなりません。

見込み客は彼らの見地から見て、「他の選択肢」があるかどうか

３つ目の質問は、

「見込み客は彼らの見地から見て、他の選択肢があるかどうか」

です。

見込み客にあなたの商品以外のさまざまな他の選択肢があれば、あなたの商品は「他の商品と競争しなくてはならない」のです。

競争は、ほとんどの人にとって、とくに中小企業にとって「負け戦」です。もしもあなたが、非常に意志が強く、経験もあり、頭のきれる起業家であれば、航空業界、レンタカー、ファーストフード、コーヒーなどのビジネスをはじめてみてください。

どうぞご自由に、スターバックスコーヒーや業界に50年存在する航空会社を相手に戦いを挑んでください。「消耗戦」の末、負けるのは目に見えています。

もしこの3つの質問すべてに「イエス」と答えることができたら、つまり、**見込み客がなるべく痛みや緊急の強い感情を体感しており、しかも解決策を自分から探しており、さらに自分の商品以外に他の選択肢がなければ、とくに中小企業に好ましい「ニッチビジネス」となります。**

The words of
Eben Pagan

「一番自信のある商品」こそ、「無料」で配布しよう

あなたが商品を無料配布しなければ、誰か別の人が無料配布する

たとえば、10年前や15年前に「1時間のトレーニングビデオ」を無料で一定数配布しようと思ったら、少なくとも1人配布するのに20ドルは必要だったでしょう。

もしそれを1000個作りたいと思ったら、映像を撮影し、高額な機械を使って編集しマスターテープを作り、テープかDVDに焼き、倉庫に保管をして、コンテナーに詰め込む作業員を雇い輸送し、ラベルを貼るという作業をしなければなりません。

それが今では、アップルのパソコンの前に座って「簡単なアプリ」で作れば、見栄えの良いものを作ることが可能です。無料のビデオホストサイトにアップロードすれば、今晩だけで100万人の人に提供することだってできます。

「ほとんどのビジネスで実行すべきこと」は、まず、広告宣伝やティーザー広告（小出しの告知広告）を出し、無料で何かを配布したりすることです。

そして、比較的低価格の商品を売り、さらにアップセリングをして価格も少し上げ、

継続的に料金を払ってもらうよう設計し、さらにはコーチングをしたり、ハイエンドの商品を売り出すのです。そうすることで「顧客生涯価値を最大化すること」が可能です。

以前には大変お金がかかっていたものが、「無料で配布できる」ようになっています。インターネットを使えば、音楽を無料で聞いたり、ソフトウェアを無料でダウンロードしたり、専門家によるトレーニングを無料で見ることもできます。

もしもあなたがその商品を「無料で配布すること」ができなければ、きっと誰か他の人が無料で配布するでしょう。それが現実なのです。

では、どんなものを無料配布すればいいのでしょうか。**無料で配布すべきなのは、「一番自信のある商品」です。**

その例として、私のお気に入りの話をお伝えしましょう。

ブリトニー・スピアーズが、「新しいアルバム」をリリースしようとしていました。プロデューサーやレコード会社の重役たちと座って、発売前に「どの曲をラジオなどで放送するのか」を話し合っています。

彼らは、アルバムの曲の中で「一番自信のない曲」を選ぶと思いますか。「一番の自信作は無料のラジオで聞かせられない。お金を出した人にだけ良い曲を聞かせるのだ」と言うでしょうか。

もちろん、そうではありません。

彼らは「どの曲が一番の自信作か」を考え、その曲を最初にラジオで放送したいのです。それが、知恵のある人間のする仕事というものです。「こんな良い曲を無料で放送するなんて、きっと残りの曲は最高に違いない」と購買者たちは思うのです。

「あなたの商品の長所」を見込み客に伝えたければ「これは１００ドルの価値のあるものです。誰でも無料で手に入りますよ」と言えばいいのです。

「１００ドルの価値があるものを無料配布する」ということを、ネットに載せたり、人に話をするときに「この75分のビデオトレーニング、これを見れば、こうこうこういうことが学べるよ。すごく良いものだ。僕のウェブサイトに行けば、無料で見られるよ。君の名前とメールアドレスを入力するだけだよ」と言うのと、「ちょっと僕の

ウェブサイトに行って、僕のためにお金を出して商品を買ってくれない？」と言うのでは、響きがまったく違います。

何百、何千、もしかしたら何百万人もの人々に「価値のある無料コンテンツ」を提供し、それを人々に伝えさえすれば、いいのです。

だって、たとえ、あなたが商品を無料配布しなくとも、誰か別の人が無料配布するでしょう。そうなる前に、あなたが「無料配布」で市場をとるのです。

The words of
Eben Pagan

「一番あなたに近い5人の平均点」があなた自身の点数になる

「今のままの自分」を選択しているのは、他でもない、あなた

あなたに「一番近い5人の平均点」を出してみましょう。それが「あなたの平均点」です。これは、「あなたが普段付き合う5人の人間」がどのくらい重要なのかを数字であらわせるものです。

その5人の収入を平均すると、あなたの収入がわかります。もしくは、自分の自尊心のレベルを知りたければ、その5人の自尊心のレベルを平均してみれば、それがあなたの自尊心のレベルなのです。

ということは、人生の方向性を変えたければ、つまりあなたの「成功までの道のり」を短くしたければ、**あなたのまわりの5人を、「あなたがなりたい5人」に変えればいい**のです。

そうすれば勝手に、道のりは短くなります。それだけです。それを実行できないとしたら、「親友をなくしたくない」とか「家族はどうなるの」とか「愛する人はどうなるの」といった思いがあるからです。その人たちが「いつも文句ばかり言っていて、

自分のやりたいことをやっていない人たち」だとしても、「今までの関係を失いたくない」という思いがあると、今の人間関係を変えることができません。

あなただけが持っている「あなたが誰と付き合うかという特権」を使うのか、使わないのか。**「今の5人をそのまま残す」ことは、「今のままの自分でいる」と選択したことなのです。**

私はこれについては、どちらが良いとか悪いとか、そういった「道徳的な判断」をしようとは思いません。これは、「どうすれば成功するか？」の公式、方程式なのです。脳にある「ミラーニューロン」と呼ばれる神経は、私たちのまわりの人間を「真似する」という指令を出しています。

今、あなたのまわりにいる5人を変えたくなければ、それでもかまいません。それがあなたの道なのかもしれません。けれど、そのかわり「思い通りにならない」とか、「なりたい自分になれない」と文句を言ってはいけません。

「今のままの自分」を選択しているのは、他でもない、あなたなのですから。

私たち自身を変えるためには、まず、「自分を受け入れること」

「深い思いやりを持つ」ためにいちばん良い方法は、「別の人間になった自分」を想像するのです。

たとえば誰かがふざけたり、ひどいことを言ったり、人を不愉快にさせるようなことを言ったら、目を閉じて、「その人になった気持ち」で想像してみます。

そして、その人が経験したことを「同じように体験したらどんな気持ちになるだろう」と想像します。その人が感じてきた痛み、そしてその人の考えの根底にあるものや文化、日常、そして家族のことを想像するのです。

すると「なるほど、だからこの人はこういう行動をとるのか。僕も同じ経験をしたら、同じように振る舞うだろう」と気づきます。**人間、生まれたときは、みな同じような状態なのですから、相手とまったく同じ経験を自分がしたとしたら、たぶん、だいたい同じような行動をとるはずなのです**。そこを、想像してあげるのです。

「この人は間違っている。悪い人だ。わかっていない。悪人だ。人をだまそうとしている」などと思っている間は、あなた自身の成長は、見込めません。

カール・グスタフ・ユングが、とても大切なことを言っています。


「何かを変えるときには、まず受け入れなければならない」


私たち自身を変えるためには、まず、「自分を受け入れること」をしなければなりません。多くの人が、自分をしっかりと受け入れる前に、変えることばかりを考えています。

「間違っている。ダメだ。抵抗して、抵抗して、抵抗するのだ！」と、変えることばかりを何年間も考え、その結果、変わることができず、あきらめの境地に入るのです。

一方で、実際に「自分を変えた人たち」は、科学者のように状況を見極め、調べます。自分を切り離して考えるのです。たとえ複雑で暗い大きな問題であっても、「さて、どんな状況になっているのかな」と、まず自分を理解しようと努めます。

そして**「なるほど、そういうことだったのか」**と**「自分を受け入れること」ができ、「他人を受け入れること」ができるのです。**彼らは、「他の人になった想像」をしたうえで、「そうなった理由」を理解する訓練が身についています。

ビジネスについて「顧客の立場と、販売の立場との両方」で考える

あなたの「すべての顧客」を「ひとりの人間」だと想像し、名前、年齢、住む場所、彼らの人生の目的などを想像してみましょう。

そして、「あなたがその人になる想像」をします。感情移入し、恐れ、失望などすべてを書き出し、その顧客と対話をし、聞き、その顧客になりきって、シミュレーションするのです。

「あなたのビジネスについて教えてください。どうやってあなたの商品は作られているのですか」と自分で質問し、あなたは「ヨガを教えるのが大好きなので、ヨガを教えるビデオを作ったのです」と自分で答えます。つまり、あなたのビジネスについて「顧客の立場と、販売の立場との両方」で物事を考えてみるのです。

The words of
Eben Pagan

「上司を支え続ける」
ことで、
あなたが引き上げられ、
あなたの部下を
引き上げられる

「自分の上に立つリーダーたちを支える」ことに全力をつくせばいい

最後にあなたがしなければならないこと、それは「リーダーシップ」を身につけることです。

この地球上で、最大のリーダーシップ輩出会社として知られているのは、「ゼネラル・エレクトリック（GE）」です。ジャック・ウェルチ社長をはじめ、多くのリーダーを輩出しています。

では、GEですばらしいリーダーになるには、どうしたら良いと思いますか。それは、他の会社と同じです。**「上司を支える」ことをするのです。**あなたが上司を支え、すばらしい仕事をすることができたら「君は、あのリーダーを支え、良くやってくれた。昇進して、さらに上にいるリーダーを支えなさい」と言われるでしょう。それを繰り返します。

上に登り続け、さらに上のリーダーを支える権利を得て、頂点にまで登り詰める。

そして頂点にたどり着いたとき、何が起きると思いますか。

あなたは、とても重要なリーダーたちを支えていることになります。そう、あなたの会社だけでなく、「他の会社のリーダーたち」も支えていることになるのです。

多くの人は、マネージャーやリーダーは、「決断を下したり、他の人に何をすべきか指示を出す存在」だと思っています。でもそれは、間違いです。その固定観念を捨てることができると、

「私たちはみんなでここまで来た。これは、みんなで織っている1枚の織物のようなものなのだ。そして、私が他のすばらしいリーダーたちを支えることによって、私自身もすばらしいリーダーになれる。『ミラーニューロン』が働いて、まわりのリーダーとともに学びながら成長していくのだ」

と理解できるようになります。

「あなたの上にいる人たち」があなたを引き上げ、そして、「あなた」は、あなたより下にいる人たちを引っぱり上げ、上にいる人を支えるのです。

これは、とても美しいプロセスです。

私はかつて「すべて自分でやらなくてはならない。とっても賢い男になって、自分だけの力でいっぱい稼ぐのだ」と思っていました。ですがその考えは、ビジネスにおいて、私が犯した「最大のミス」でした。

私にアドバイスをくれたり、サポートしてくれるリーダーたちや、アドバイザーたちを、その時代、一緒に連れていなかったからです。

私が彼らを支えることができたなら、彼らがもっと早く私を上に押し上げてくれただろうと、今は思います。そして、今、私はそれを正そうとしています。

リーダーになりたければ、今、「自分の上に立つリーダーたちを支える」ことに全力をつくせばいい。そうすれば、早く、より良いリーダーになることができるでしょう。

chapter
5

The words of
Frederik Willem de Klerk

F.W.デクラーク
［元・南アフリカ大統領　ノーベル平和賞受賞］

The words of

Frederik Willem de Klerk

12万年前まで
さかのぼれば、
私たちは、
全員が家族なのです

すべての人類はアフリカで誕生した

最新の研究によると、アフリカ以外の場所に居住する人々の祖先は、約10万年前まではすべて「アフリカ大陸」に住んでいました。アフリカが「人類発祥の地」であることは、ＤＮＡの分析によっても証明されています。

考古学の分野でも、ホモ・サピエンスが早い段階でアフリカに生息していたことを裏付ける証拠が、南アフリカの海岸から発見されました。

同じく、南アフリカのモーセルベイからほど近いケープコーストでは、16万４０００年前に、人間が装飾や象徴的な目的で「アカガシワの木を使用していたこと」を示す発見がなされています。

誰もが「人類」という名の家族の一員である

10万年前に、アフリカからアジアへ渡った人類の数はそう多くはなく、せいぜい１０００〜２０００人程度でしょう。３万５０００年前に西ヨーロッパに移り住んだ人口は、さらに少ないものでした。

つまり、まさに、**元をたどれば「人類はみな兄弟」であり、私たちはみな「お互いに関わりあっている」のです。**民族や文化に関係なく、「全員が人類という家族の一員」であり、私たち人類は、アフリカのどこかで発祥したのです。

12万年前、私たちの「共通の祖先」は、つまり、私たちのずっと昔のおじいちゃんは、南アフリカにあるテーブルマウンテンの中腹でたき火を囲んでいたことでしょう。ケープコースト沿いをヒョウに見つからないように気をつけながら、一緒に貝を探して歩いていたかもしれません。東アフリカの平原で共に狩りをしていた可能性もあります。

そして、46億年という「長い地球の営み」の中では、人類が誕生してからの12万年という時間は、約4万分の1程度の時間でしかなく、まさに、「ほんの一瞬」にすぎません。

私たち人類は、その後何千年もの間に、すばらしい発展を遂げました。

過去1万2000年の間に人口は1万倍に増加し、過去200年でさらに目覚ましく急増した人類は、地球上の生息可能なすべての地域に定住をはじめ、その富と技術は、飛躍的に成長しました。

私たち人類は、今でも年間約3%のペースで成長を続け、最後の「生物」としての競争相手であったネアンデルタール人が3万年前に絶滅してからは、競争相手はいません。

ビジネスの世界では、ほとんどの企業が、このような目覚ましい成果を上げたいと願っているでしょう。では、この「人類の成功の秘密」はどこにあるのでしょうか？

The words of
Frederik Willem de Klerk

未来は予測不能です。
ですから
「変化を管理する能力」
こそが、
成功するためには
必要なのです

「4％の遺伝子の違い」がチンパンジーとヒトを分ける

遺伝子レベルで見ると、私たちはチンパンジーとさほど変わりがありません。チンパンジーと私たちのＤＮＡは、「96％同じ」だといわれています。チンパンジーも高い知能を持っていますが、それにもかかわらず、現在は「絶滅の危機」に瀕しています。

私たちにあってチンパンジーにはない「残りの４％の遺伝子」には、いったいどういう秘密が隠されているのでしょうか。ジャングルをいまだ駆け回るチンパンジーと、世界を征服し、そして月にまで行った私たちを分ける「４％」です。

科学者ダーウィンは

「種の進化は強弱や知性によって決まるのではなく、変化への適応能力で決まる」

と言っています。つまり、私たちの祖先は、この「変化への適応能力」に長けていたのであり、これこそが、チンパンジーと私たちを分ける「４％」なのです。

歴史上、何度も襲ってきた氷河期の連続によってめまぐるしく変化する「環境への適応能力」があっただけではありません。ここからが私の話の「要点」です。私たちには、「自らの住む環境を自分から変えていく能力」があったのです。

私たちの祖先は、**「環境の変化に適応するだけでなく、自分から積極的な行動を起こすことができた」**のです。企業経営のエキスパートに言わせれば、これが私たちの種のいわゆる「重要な成功要因」といえるでしょう。

しかも、気が遠くなるほどゆっくりとしたスピードで、「新しい環境」に適応するのではなく、私たちの祖先は、非常に「素早い適応能力」を持っていました。

気温が過度に低下すれば、すぐさま火を使い、動物の皮をまとい、住居の構造を複雑化させて対応することを学びました。

十分な食糧が採集によって得られないときは、すぐさま農作物を育て、動物を家畜化することで自らの食料を確保しました。野生動物や敵の襲撃から身を守るために、すぐさま武器を作り、柵や壁を築きました。

つまり、「変化を自ら管理する能力」こそが、私たちの驚くべき成功の秘密なのです。

そのおかげで、今、私たちは自らの作り上げた家、町、会社という環境で人生を過ごしています。

「変化を自ら管理する能力」は今日も引き続き、個人、社会、企業、国といったレベルで成功の鍵であり、新しい世代のみなさんの成功を左右します。

「成功を勝ち取る人」とは、まわりの環境を強く意識し、新しいもの、より良いものを創造する力を持ち、そのうえで**「新たな課題に自分自身と周囲の環境を対応させて、新しいもの、より良いものを実現できる人」**なのです。

この「新しい世代」と、私たちを取り巻く「コミュニティが直面する課題」について考えてみましょう。みなさんは、「ひとつ前の世代が経験した環境」とはまったく異なる環境に適応せねばなりません。そのうえ、変化がさらにスピーディーに加速する中で、遅れをとらないように適応し続けねばなりません。

私たちが生き残れるかどうかは、祖先のころと同様、「変化を自ら管理し、そこから恩恵を受ける力があるかどうか」にかかっているのです。

しかも、現代の変化は昔とは違って、「より加速し、より予測不能なうえ、より物事を根本から変えるもの」となっています。

未来は予測不能。この10年で「1万年分の変化」が起きている

20世紀の間（とくに戦後）、「変化のペースが急激に加速」しました。恐らくここ10年間で私たちの社会が経験した変化は、人類が誕生してから1万年の間に起きた変化よりも大きなものでしょう。

人間が扱う情報量の合計は、「5年おきに倍増している」といわれています。「コンピューターの処理能力は2年ごとに倍増する」という、インテルの共同創業者ゴードン・ムーアが示した「ムーアの法則」はいまだに続いております。

パソコンのハードディスクの容量は2年ごとに「倍増」しています。毎秒200万通を超える電子メールが送信され、2～3秒ごとに20テラバイトの情報がインターネット上で「処理」されています。

「20テラバイトの情報」とは、紙ベースにすると、世界一の情報貯蔵量を誇る「米国議会図書館」に貯蔵されている情報に相当する量です。もはや、ひとりの人間が1日

に起こるすべての変化を把握することは不可能なのです。

けれど、150万年前に登場した道具、「握り斧」がその後の人類に大きな影響を与えたように、**「どの変化が私たちの未来に劇的な影響を与えるか、わからない」**ということに気づく必要はあります。

「変化は予測不能」でもあります。世界を根本から変えた出来事の一部は20年前にはまったく予測されていませんでした。

「インターネットの出現」、「ソ連と国際共産主義の崩壊」、「世界的なテロ」や「エイズの影響」を、その登場の20年前に、正確に言い当てられた人はいないのです。

現在の「世界金融危機」は、次の世代が直面する経済環境を劇的に変えました。3年前にこれを予測した人は、ほとんどいませんでしたし、わずかな数の予測した人は、当時、「変わり者扱い」されていました。

「根本的な変化」は社会のあり方さえ変えていく

私たちが直面している変化は、加速度的であるばかりか、根本的な変化であり、私たちの「人生のすべての面」に影響を及ぼすレベルのものです。男女間、夫婦間、親子間、あるいは、教師と生徒、教育委員会と父兄といった幅広い人間関係に変化をもたらすのです。その変化は、「伝統的な家族のあり方」にも深い影響を与えています。

ヨーロッパでは、子どもを持つ母親の30％が「未婚」です。こうした家族のあり方は、私たちの価値観や従来の倫理観に影響を与え、そのすべてが若者世代と彼らのコミュニティに影響を与えているのです。

「根本的な変化」は、私たちの教え方、学び方、自由時間の過ごし方、コミュニケーションの取り方、情報収集の仕方を変え続けます。

「変化の力」は、いたるところで猛烈な勢いをふるっています。その勢いは慣れ親しんだ環境を消し去り、ときに私たちは洪水の被害者のように、「わずかに残された確実性」にしがみつくしかありません。

The words of
Frederik Willem de Klerk

「変化の必要性を受け入れる」ことを恐れてはいけません

南アフリカが変化の過程で学んだ教訓

1989年、私が「南アフリカの大統領」に就任したとき、わが国も迅速な変化を迫られていました。私たちを取り巻く環境は悲惨なものでした。国際社会から孤立し、対立と不況の負のスパイラルに飲み込まれていました。

私が就任当時の南アフリカが推進していた「アパルトヘイト（人種隔離政策）」が非難を浴び、各国から「制裁措置」を受けていたためです。貿易や外国からの投資を受けることが大きく制限され、南アフリカの経済は深刻な事態に陥りました。

しかしその後の1989年から1994年の5年間、私たちはそういった悲惨な環境を変えること、そして、「新しく前向きな状況」を生み出すことに成功しました。

さて、私たちはなぜ、「変わることができた」のでしょう？　大規模な変化を管理する過程で「私たちが学んだ教訓」をいくつかみなさんにお話ししたいと思います。

ひとつ目の教訓の第一ステップは、「変化の必要性を受け入れること」です。

私たちはみな、基本的に「変化に抵抗する」ようにできています。未知なるものへの恐れを持っているのです。それは、**「変わらないこと」＝「生命的に安全なこと」というのが本能的にインストールされているからです。**南アフリカの場合、白人と、その他のマイノリティが抱いていた恐れには根拠がありました。おもな懸念は次の3つです。

①ソ連の支援する「ＡＮＣ（アフリカ民族会議）」による共産主義の影響が、深刻な脅威となっていたこと
②新たに独立したアフリカの国々が、安定した民主主義国家の確立に失敗していたため、根本的で劇的な変化の道を歩みはじめた場合、私たちの国がどうなるのかが心配だったこと
③多数派による政府が確立されたら「マイノリティの未来がどうなるか」ということ

しかし、80年代の終わりにかけて、南アフリカの「アパルトヘイト」が間違っていることが明らかになってきました。気がつけば、私たちは、国際社会の中で、対立と孤立の渦に否応なく巻き込まれていたのです。そこからかなりの時間をかけて現実を受け入れ、「根本的な変革の必要性」について議論を重ねました。

大統領就任前の数年間もそうですが、とくに私が国民党の党首となり、大統領に就任してからの数年間は、閣僚たちを呼んでじっくりと問題について話し合いました。率直に、そして激しく議論を重ねました。

「どのような改革が必要なのか？」
「民主主義の崩壊を招くことなく改革を進めるには？」
「経済に破たんをきたすことなく変革するには？」
「すべての人に正義をもたらしつつ、カナダや南アメリカのように成功を収めた国家の礎となっている価値を保つにはどうしたらよいか？」

ここで、もうひとつお伝えしたいことは、私たちが「根本的で大規模な変化」を受け入れた理由は、「国際社会から圧力があったからだけではない」ということです。もちろん、国際社会からの圧力は私たちに緊張感を与えたという意味では役割を果たしています。しかし、それがすべての原因で変わったわけではありません。

「国内での不満の高まり」が原因でもありません。私たちはその後何年間も政権を維持し、制裁を切り抜け、国際的な孤立を選ぶこともできました。世界的に見れば、窮地に立たされてはいるが、それでも「国際的な孤立」という選択肢を選び、現在もそれを続けている国家があることは、おわかりでしょう。

つまり、変化を受け入れるうえで重要なポイントとなったのは、単に、私たちが採用した政策、まだ若かった私の支持した政策が、「倫理的に見ても弁解の余地のないほど明らかな不公正を招いていた」と気づいたことです。

「国民の大多数が不平等な扱いを受ける中で、国民全員の未来を築くこと」はできませんでした。最終的に、リスクをとってでもこの根本的な変化を受け入れようと決意したのは、**「全国民に正義をもたらすことでのみ、全国民が安全を確保でき、平和で繁栄した国家から恩恵を受けることができる」**と気づいたからなのです。

The words of
Frederik Willem de Klerk

「変化したつもり」で
終わらせてはいけません。
リスクをとりましょう。
そして、目標を明確にし、
タイミングを見極めて
行動しましょう

「高いリスクをとる覚悟」が、真の変化につながる

２つ目の教訓は、「変化の必要性を受け入れたら、変化したつもりで終わらないこと」です。

国や企業、大学、個人などで、「変わらねばならない」とわかっていても、しばしば**「変化したつもり」という罠に引っかかってしまう**ことがあります。的外れなことを改善してしまうのです。

喫煙者は、たばこの本数を減らせば問題の解決につながると自分に言い聞かせます。

肥満の人は、紅茶に砂糖を入れずに飲むことで問題に取り組んでいる気になります。

同じことが、「国家レベル」でも起こります。

たとえば、旧ソ連で「ペレストロイカ（改革）」に着手した、当時のゴルバチョフ大統領は「基本的には共産主義自体に問題はなく、必要なのは改革とよりオープンかつ民主的な政府を作ることだ」と主張し続けました。

同様に、国や企業も何らかの心理的な理由から、最先端の技術分野に参入せず、もはや利益の上がらなくなった産業にしがみつくことがあります。

私たち南アフリカの白人は、それまでは「アパルトヘイトを廃止しなくても改革はできる」と思い込み、自分たちをごまかしていました。そうすることで、真の変化には常につきものである、「痛手をともなった決断とリスク」から逃げてきたのです。

自分たちにとって極めて不快な決断をし、**「極めて高いリスクをとらねばならない」と認めたときにはじめて「真の変化」が行なわれる**ようになったのです。

「達成可能な目標」をはっきりさせる

変化の必要性を受け入れ、変化したふりという罠を回避したら、次の課題は、明確で、「達成可能な目標をはっきり述べること」です。

1990年2月2日、私は南アフリカ議会に「新たなビジョン」を発表しました。問題に対する平和的かつ民主的な解決策の構想、つまり、「国民全員が投票権を持ち、ひとつに団結した南アフリカを作る」というビジョンです。

「いかなる差別や支配をも排除する新しく完全なる民主的憲法を制定し、平等で独立した司法機関を作り、権力の乱用から国民を守る」というビジョン。

「宗教の自由を保障し、個人の権利を保護する。そして、全人種の参加する選挙を実現する」というビジョンです。

1994年までに、私たちは「ビジョン」を実現し、世界を驚かせました。ビジョンを持つことで、行動に方向性と目的意識が生まれ、進歩の度合いを測ることが可能になります。**ビジョンがなければ、「自分がどこへ進んでいるのか、どれだけ達成したのか」はわかりません。**

経験から言うと、「変化を管理する」うえで、指導者たちには特別なコミュニケーション能力が必要となります。私たちはイメージの世界に住んでいます。イメージは私たちの行動だけでなく、コミュニケーションのとり方によっても形作られます。

私たちは「ビジョン」をメディアと世界に理解してもらうことを重視しました。指導者は自らの支援者たちを鼓舞するだけでなく、彼らに正しい道を歩んでいるという安心感を与える必要があります。

支援者たちのほとんどは、変化に対処することができ、本質的な犠牲を払う準備もできていますが、「不確かさ」には、なかなか対処できないからです。

「行動するタイミング」を見極める

私たちは、変化を管理するうえで、「タイミングが極めて重要である」ことを学びました。

どんなに正しいことを言っても、指導者が「タイミングを間違えて」しまっては台なしです。正しい方向に向かっていても、支持者らが追いつけないほど自分だけが突っ走るのも同じことです。

歴史や市場などは、それぞれ「独自のペース」で進みます。苦痛なほどに遅々として進まないこともあれば、恐ろしいほど急速に発展することもあります。

指導者は「物事の流れ」を見極め、自らの立ち位置を決めなければなりません。

私は大統領就任以前に、「もっと改革を急ぐべきだったのではないか」と非難されることがよくありました。

しかし、その段階で改革を急いで指揮していれば、重要な人物や有権者らを遠ざけていたことでしょう。１９８９年に党首になることもなければ、大統領としていろいろと実現できることもなかったでしょう。

変化を管理する過程では、「強力なリーダーシップ」が不可欠です。

歴史的に見ると、「正しい答えを持っているだけ」で成功した指導者はいません。すべきことを「見抜く」だけでなく、それを「成功させること」が大切なのです。**「正しいビジョンを現実化させる能力」を有する者だけが、歴史に名をはせる**のです。

指導者は、「政治の流れの変化」に常に目を配り、歴史が大きく動くときには、「その波に乗る準備」ができていなければなりません。そして、チャンスの波にも乗るのです。

大統領就任後、私の立場を強固なものにしたのは、東ヨーロッパやソ連で起きていた歴史的大事件でした。ベルリンの壁と国際共産主義の崩壊で、ソ連の拡張主義と、ＡＮＣ内における「南アフリカ共産党」の影響力に対する懸念が緩和されたからです。

The words of
Frederik Willem de Klerk

「変化のプロセス」に
終わりはありません。
目標を達成したら、
すぐに次の目標に向かう
必要があるのです

変化をする際には、「リスクをとる準備」をしなければならない

1990年2月に「ビジョン」を発表し、改革を実行する準備が整いました。まず、意義ある交渉のできる場を作り、私たちが自らのために打ち出したビジョンの達成に向けた交渉に入りました。そこで私たちが学んだのは、指導者は変化を管理する際、「リスクをとる準備をしておかなければならない」ということです。

この改革プロセスの中で、リスクをとらねばならない局面が多々ありました。そのうちのひとつは、すべての政党に「自由な政治活動を許可する」という決断でした。そこには共産党や、ANC（アフリカ民族会議）の軍事部門である「民族の槍」も含まれました。安全保障補佐官らには止められましたが、最終的には不可欠な政策でした。そしてこのステップを踏んでいなければ、私たちは成功していなかったでしょう。

ほかには、**「交渉の場で決まった方針を全力で実行する」**という決断もありました。私たちの支持者の多くは、それまでのシステムで保障されていた独占的な権利と統

Frederik Willem de Klerk
F.W.デクラーク

制を手放すことにはとても消極的でした。私たちは説得を続けながら、結果の見えない交渉に入らねばなりませんでした。

ネルソン・マンデラ氏と交渉をしていく中で、南アフリカを改革するために必要な支持率が低迷しかけ、私は野党の白人議員からは、「あなたには選挙に必要な支持率はもうない」と言われたときもありました。

私は、1992年に白人による国民投票を行ない、彼らにこう問いかけました。「みなさんは私の目指す目標をご存じですね。私に賛成票を投じてください。過半数の方が反対すれば私は辞任に追い込まれ、この改革プロセスは中断してしまいます」

この問題に直面し、私たちはリスクをとりました。けれど、私たちは有権者たちを信じていました。結果的に白人有権者の69%が、この抜本的な改革の継続に賛成票を投じてくれたのです。

目標を達成したら、すぐに次の目標に向かう必要がある

私たちは気づきました。このような決断によって、影響力が大きく「予測不能な出

来事が起こりはじめる」のだと。
まるで、長く危険な急流にカヌーでこぎ出すようなものです。プロセスを開始し、ひとまずは方向性を定めます。

しかし、その後カヌーは巨大で制御不能な力に翻弄されてしまいます。できることといったら、バランスを保ち、岩を避け、できるだけうまくかじを取り、転覆したらもとに戻すことだけです。

みなさんの日常生活で、または学校や大学、住んでいる町や国でも、このようなことが起きたら、冷静に確固たる行動をとるときなのです。

最終的に、私たちは**「変化のプロセスに終わりはない」ということを理解せねばなりません**。

急速に変化する環境の中にあっては、「ある問題を解決したから、もうおしまい」ということはありません。目標を達成したらすぐに、「変化によってもたらされる次の課題」がやってくるので、それに取り組まねばなりません。

これが現在、南アフリカが置かれている状況です。

私たちは1990年に設定した重要な目標のほとんどを達成しています。世界でも有数の民主的な「憲法」を持ち、国際社会に復帰し、賢明で効果的な経済政策を採用しています。継続的に高度成長も見込まれます。

達成できたのは、多くの人の誠意の賜物であり、その過程で発生した暴力行為は驚くほど少ないものでした。

アメフトやアイスホッケーが盛んな地域の人にとっては、あまり意味のないことかもしれませんが、南アフリカは近年、クリケットとラグビーで「世界チャンピオン」にもなっています。

ただ、南アフリカは「この栄光に満足する」つもりはありません。

自分の意志とは関係なく、変化に直面しているみなさんに言いたのは、**「栄光に満足してはいけない」**ということです。

私たちが抱える現在のおもな課題は、

「新しい憲法を国民の間に定着させること」

「新しい憲法が、生きた憲法となること」

「緊張を見せはじめているコミュニティ間の関係を良好にすること」

です。


そして、わが国は「11の公用語」が存在する非常に複雑な国です。

一丸となって、この国の犯罪や失業、貧困、エイズといった問題に取り組んでいかねばなりません。

The words of
Frederik Willem de Klerk

「変化を管理すること」
を怠らず、
より良い世界の
実現のために、
行動を起こしましょう

過去の変化が、未来に何をもたらしたかを検証する

南アフリカは、効果的な「変化を管理すること」が功を奏し、１９８９年に非常に好ましくない状態でしたが、２００９年には前向きな状態に変わりました。「変化を管理すること」は、人類の役に立っているのです。10万年前、人類は狩猟採集で何とか生き延びている哀れな群れでしかありませんでした。しかし今日、人類は世界を股にかけています。

私たち人類は、祖先たちの想像をはるかに超える文明や技術を、「変化」によって生み出しました。しかし、「変化」によって私たちの未来はどうなるのでしょう。お話ししてきたように、恐ろしいのは、**「変化は予測不能」**だという点です。

ただし、「過去に変化をもたらした重要な要素」を検証し、「それが将来にどのような影響を与える可能性があるか」を自分たちに問うことはできます。

それについて、少しお話ししたいと思います。

もっとも著しい変化の要因のひとつに、「気候変動」があります。

繰り返す氷河期の中で、人類が地球上の優占種となったのは、気候の変化に適応することを身につけたからこそです。私たちは今、再び気候変動の時期に突入しており、今後１００年の間は、「気候変動」が私たちにもっとも影響をあたえる要因となるでしょう。私たちはどのように適応すればよいでしょうか？　私たちの社会、経済および政治機関は地球温暖化による甚大な影響にどう対処するのでしょう？

これは「変化を管理すること」を必要とする課題です。

「新技術の発展」も大きな変化をもたらしました。

人類は、石器時代から青銅器時代、鉄器時代へと進化しました。発電も、風力から蒸気、内燃力発電、原子力へと発展しました。

そして今、私たちは「情報時代」に入り、急速な進化を遂げるインターネットや遺伝子工学、ナノ技術などによる「恩恵と脅威」に対応しなければなりません。

このような新技術は、私たちの生活の場や次の世代にどのような影響を与えるのでしょうか？　どういった倫理的課題が生まれるのでしょうか？　これは「変化を管理すること」が必要となります。

「民族の移動」は、私たちの環境に大きな変化をもたらしました。

　私たちの祖先の一部は、アフリカを出てベーリング海を渡り、アメリカ大陸に定住しました。ゲルマン人はローマ帝国に侵入し、ローマ帝国に住んでいた人たちは彼らに屈服しました。


ヨーロッパ人の世界進出が、南北アメリカやアフリカ、アジアなどにどれだけ大きな変化をもたらしたか、考えてみてください。戦後、移住が進んだことでヨーロッパやアメリカの文化は変わりました。

　そして「グローバリゼーション」によって、私たちの距離がさらに縮まる中、各国や地域の伝統的な文化の独自性はどうなるのでしょうか？

　これも「変化を管理すること」が必要となってきます。

「地政学的な変動」からも、大きな変化が起こりました。

　100年前、「帝国主義」を掲げていたヨーロッパの国々は、アフリカやアジア、オーストラリアのほぼ全域を支配していました。過去100年間に旧ソ連や中国などの「共産主義国」が世界にもたらした変化を考えてみてください。

ソ連が崩壊した後、アメリカが唯一の大国となりました。これから、台頭する中国やインド、欧州連合（EU）と、勢力を分かちあわなければならないときがくるでしょう。このような展開が、私たちすべてにとって新しく「予測不能な環境」をもたらします。新しい課題、「根本を揺るがす変化」をもたらすのです。

ここでも「変化を管理すること」がなされなければなりません。

私たちの住む世界は「思想」や「信念」によって形作られ、変化してきました。古代エジプト人は、「宇宙論」に基づいてピラミッドを建設しています。ヨーロッパは何百年にもわたり、「カトリック教会」の強い影響下にあり、宗教改革は北欧の国々に大きな変化をもたらしました。啓蒙思想はアメリカ独立とフランス革命につながっていき、20世紀には「共産主義」と「ファシズム」によって何十億もの人々の人生が変わりました。

私たちは現在、「立憲民主主義」と「自由市場主義」の時代に生きています。アメリカの政治学者、フランシス・フクヤマ氏の主張するように、民主主義や自由主義の成功は、人類の発展の終わりを、歴史の終わりを意味しているのでしょうか？

それとも何か別のイデオロギーや世界観が私たちを待ち受けているのでしょうか？別のイデオロギーや世界観が待ち受けているとすれば、それらは21世紀の私たちの生き方を、どのように変えるのでしょうか？

これも「変化を管理すること」が必要な課題です。

「絶望的貧困の中に生きる人」が希望を持てる社会を目指す

紀元前500年に、哲学者ヘラクレイトスが「万物は流転する」と言ったように、「変化とは人生の本質」です。**つまり「変化こそが人生そのもの」なのです**。彼は言いました。「同じ川に二度入ることはできない。新しい水が常に流れてくるから」と。**「万物は常に変化し続け、現実の世界は一時的な出来事の連続である」**と彼は考えました。彼は正しかったのです。

人類は、変化によって特徴づけられており、個人や大学、企業、社会、そして国というレベルでの成功は、「変化する能力」に加えて、「変化を管理する能力」「より良

い世界を想像する能力」、そして、「ビジョンを実現する能力」によって決まっていくのです。

私は、「より良い世界」を夢見るだけでなく、その実現のためにできるだけ多くの人々に働きかけたいと思っています。「改善の余地」がある物事は数多くあります。

しかし、ここでは私たちの直面する中でもっとも大きいと思われる課題に焦点を当てたいと思います。「世界人口の3分の1にあたる、絶望的な貧困の中で生活する人たちにいかに救いの手を差し伸べるか」ということです。

今夜、食べるものがなく、頭の上に屋根もなく、子どもの出生時の死亡率が驚くほど高く、適切な医療も受けられず、人権らしきものも与えられず、苦しみの中にいる「25億の人たち」を救うことです。

より良い世界というのは、この「絶望的な貧困」の問題が解決し、彼らの心に希望がもたらされた世界です。絶望的な貧困の中にいる人たちにもチャンスが与えられるような世界です。

私はアフリカ人です。
世界人口の16％にあたる、約10億人がアフリカに住んでいます。10億人のうちのとても高い割合の人々が、深刻な貧困の中にあります。裕福で力のある国々は、このような「発展途上国の抱える問題」に取り組むため、一貫した政策を打ち出す必要があります。

私が夢見るより良い世界とは「人々に食べるものがあり、教育も受けられ、少なくとも基本的な医療が受けられる世界」であり、もっとも大切なのは、**「希望と大きな願望を持つことができ、それが達成できる世界」**であることです。
これを実現するために働きかけを続けます。

Frederik Willem de Klerk
F.W.デクラーク

The words of
Frederik Willem de Klerk

「変化への恐れ」を、
仲間とともに
乗り越えましょう。
そして、若者をも
巻き込んでいきましょう

自分の支持者とともに「変化への恐れ」を乗り越えるには？

もし、あなたが「変化のプロセスを推し進めるリーダー」ならば、自らの支持者を巻き込むことにエネルギーを費やさなければなりません。そのエネルギーの量は、プロセスの管理をはじめとする、推進に不可欠な活動に注ぐのと同等です。

自分の支持者を説得し、動機づけてください。それが、**「変化への恐れ」を乗り越える唯一の方法**なのです。

「この道が正しいと証明できるものを見せる」ことからはじめるのもよいでしょう。すぐにでも実践でき、「うまくいくじゃないか」という気持ちにさせる要素を３つか４つ、見つけましょう。

私たちの場合は、交渉を進める中で、お互いが同意できる事柄をリストアップすることからはじめました。何世紀にもわたって戦ってきた敵同士の交渉です。私たちは腰を据えて、「意見の一致する事柄のリストを作る」と決めました。

そのうちに、「意見が食い違っていた項目」がどんどん減ってきました。残された

問題が困難なものかどうかは関係なく、もう後戻りはできないというところにまで話は進みました。

川の中央部分は通り越してしまったので、「ここまできたら反対側の岸に泳いでいって、残りの問題の解決に全力を尽くすしかない」という地点まで来ることができたらしめたものです。

若者を巻き込んでいくには？

現代の若者を巻き込むのは大きなチャレンジといえるでしょう。しかし彼らが「現実に関わりを持っていない」と考えるのは間違いです。彼らは彼らなりの方法で関わっていると思います。

教育者たちは、教育現場で最新のテクノロジーを創意工夫を持って使用し、若者たちに「情報へのアクセス」を促さねばなりません。教会や親など、コミュニティでの指導者的立場にある人たちには、知識欲と、コミュニティの一員としての自覚を「若者の間に育む義務」があります。

また、聖書にはこのような言葉があります。

「太陽の下に新しきものなし」（訳：かつてあったことはこれからもあるであろう）

私の世代が思春期の若者だったころ、もしくは大学に入りたてだったころも、大人たちは「若者が社会に参加していない」と思っていました。若者に対し批判的だった一方で、このうえなく心配もしていました。「若者はどうなるのか？」と。

けれど、私たちの世代もちゃんとやってこれました。大人になり、自らの力でコミュニティの指導者となったとき、世界はより良い場所となりました。

若者には、「多少の反抗」は許しましょう。反抗する自由を与えることで、この先果たさねばならない重要な役割を深く理解できるようになるからです。

私は若者について「悲観」してはいません。現代の若者はすばらしいチャンスに恵まれていると思います。彼らには想像力があります。私たち大人がいくらかの指導をしつつ、彼らの好きなように行動させれば、若者はうまくやってくれることでしょう。

chapter

6

The words of Dalai Lama

ダライ・ラマ法王14世

[チベット仏教最高指導者　ノーベル平和賞受賞]

「精神的な豊かさ」とは、
周囲の人々の幸せが
自分の幸せ
と考えられる力です

人間は、知識を得るだけでは目的を達成できない生き物

「教育」とは、人間特有のものだと思います。

というのも、私たちにはすばらしい「生まれながらに持った知性」があるからです。その「知性」をよりうまく活用するには、それを開花させるための「なにがしかの手段」が必要です。それこそが「教育」なのです。

「教育」は、ここ数世紀の間、広く発達を続けており、それにともなって、世界レベルで見ても、「教育」を通じて人類全体が大きく進歩しています。

しかし、21世紀に入って、「事情」が変わってきたようです。「教育」を通じてなされるべきはずの「人類の調和」がもたらされておらず、**「真に責任感のある人々」が育っているとは思えません。**

「教育」は、ときとして不安やストレスの原因となっています。そのうえ、「成績への競争心」をあおることで「お互いに対する疑念」をもたらしてしまっています。

その結果、「調和の源泉」であり「友情の基礎」となる、「人と人との信頼関係」を

Dalai Lama
ダライ・ラマ法王14世

崩壊させることさえあるのです。

どうして「教育」が「信頼関係」を崩壊させてしまうのでしょうか？　問題はどこにあるのでしょうか？　問題は、「教育」そのものにあるわけではありません。

たとえば人間の体が、「食べ物だけ」で健康を保っているわけではなく、運動や睡眠など、ほかのいくつかの要因が関係しているのと同じように、「人間は、知識を得るだけでは目的を達成できない生き物」なのです。

「教育」は、あくまでも「道具」にすぎません。よって、この道具が前向きに使われるか、破壊的に使われるかは、完全に「それを使う人次第」なのです。

「精神的な豊かさ」とは、周囲の人々の幸せを自分の幸せと考えられる力

「教育」のおもな目的のひとつは「脳を発達させる」ことですが、それ以上に重要な目的があります。それは、「周囲とのコミュニティ意識」と「社会的責任」を育成することです。

周囲の人々を「仲間」としてとらえ、

「周囲の人々の幸せが、究極的には自分の幸せとなる」

つまり、相手が幸せであれば自分も幸せであり、相手が問題に直面したときは、自分も一緒にそれに直面しようとする姿勢なのです。

こうした「他者への思いやり」が、「コミュニティ意識」と「社会的責任」の育成には不可欠なのです。つまりは、「人の世話をすることは、自分の世話をすることと同じ」なのです。

私たち人間は「社会的な動物」なのです。現代ではとくに「相互協力」が深まっています。このような場合、必要なのは「人としての精神的な豊かさ」を持つことだと思います。

私は「亡命者」であり、過去50年間、いわば「ホームレス状態」でした。インドの友人によく話すのですが、私はホームレス状態であるにもかかわらず、とてもすばらしい「新居」を見つけました。この50年の間、私は自由で、何の制限も受けていなかっ

たので、さまざまな人に会い、多くの国々を訪問する機会に恵まれました。
さまざまな国を訪れるたびに、実感したことがあります。
それは、「学歴や社会的地位が、その人の幸せを決めるわけではない」ということです。

億万長者のような裕福な人々が、人間として「不幸せな人生」を送っていることが、たくさんあります。世界で最も教育が進んでいて平和な国のはずの日本では、「うつ状態」に陥る学生が増えていて、「自殺」を図る人も何万人もいる。このように、せっかく「教育」で身につけた知識が、自らの身を滅ぼすこともあるのです。

このような「事例」を目の当たりにして思うのは、人間が幸せになるためには、「教育だけでは不十分である」ということです。幸せになるためには、「教育以外にも必要なもの」があると考えるようになりました。

では、何が必要か。

それは**「精神的な豊かさ」**です。

私たちは「教育」に力を注ぐ一方で、「精神的な豊かさ」に対しては十分な注意を払っていません。「精神的な豊かさ」が養われていなければ、いかに知識を蓄えようと、教育の目的（「コミュニティ意識」と「社会的責任」）は果たされません。

The words of
Dalai Lama

人類に
違いなどありません。
60億人全員が
幸福な人生を手に入れる
権利があるのです

「人間的な豊かさを高めること」が、人類の幸福へつながる

みなさんにお伝えしたいのは、「精神的な豊かさ」にもっと目を向けてほしい、ということです。精神的なものといっても、「宗教」とは関係ありません。私がお話ししているのは、「人類愛」や「慈悲の心」といった、人間であれば誰でも持っている「普遍的な価値」のことです。

それは、生まれつき私たちに備わっているものであり、宗教とは無関係の「倫理」のことです。

私が「精神的な豊かさ」について真剣に考えるのには、理由があります。

私は、「たったひとりの人間」にすぎません。人類60億人のうちのひとりでしかありません。

そして人間は、国籍や宗教、収入、学歴、肌の色……こうしたものは二次的なものにすぎず、「根本的な次元では、私たちはみな同じ」なのです。肉体的、精神的、感情的にも、みな同じであり、**「人類に違いなどない」**のです。

さらに重要なことは、60億人全員が苦しみを乗り越え、「幸福で、喜びにあふれた人生を手に入れる権利がある」ということです。人類全体が平和で喜びにあふれ、恐れから解放されたなら、全員が多大な恩恵をこうむるでしょう。

私がもっとも注力しているのは、心の平和と幸福につながる「人間的な豊かさを高めること」なのです。これにより、円満な家庭やコミュニティが築かれ、人類の幸福へつながるのです。**「人間的な豊かさを高めること」こそ、私の第一のミッション**です。

2つ目に重要視していることは、私は仏教徒ですから、「私の信仰する宗教に、真の調和がもたらされること」です。

私は死ぬまで、この「2つ」に力を注いでいきます。

「人間的な豊かさ」とは普遍的な価値である

私の第一のミッションは「人間的な豊かさを高めること」です。「人間的豊かさ」とは、普遍的な価値であり、宗教とは関わりのないものです。

「宗教」が関わってくると、物事が複雑になってしまいます。なぜなら、世界には非常に数多くの宗教が存在するからです（そのためインドの憲法は非宗教的なものです）。インドは１０００年もの間、多宗教国家だったため、特定の宗教を基準とすることはできません。よって、インドでは、すべての宗教を尊重し、無宗教者をも尊重しています。

先日、ある指導者と会いました。何年も前からの知り合いです。世間話をしたあと、彼がインドの伝統について話しはじめました。

「１０００年もの間、インドにはさまざまな思想が存在してきました。ひとつは『虚無主義』です。『虚無主義』とは、死後の世界と神の存在を否定するものです。現世以外には何も存在せず、人間の生命は『ひとつの植物』と同じという考えです。これ以外のインドの思想はすべて、虚無主義を非難し否定していますが、同時に尊重もしています。そして、無宗教である虚無主義者たちをも尊重しているのです」

すなわち、インドの伝統的な考え方では、「非宗教的であることは宗教を否定することではない」のです。

「怒り」は客観的に見つめることで、消えていく

「怒りは悪いもの」という認識を持ち、冷静に見つめることで静まる

では「怒り」についてお話しましょう。私にももちろん「怒り」はあります。愚かな行ないをする人を見たときなどは、怒ることもあります。しかし、「怒りは悪いものだ」という認識を持つべきなのだと思います。

「怒り」は、何よりも「肉体の健康にとって悪いもの」です。医学者らは、「怒りを増幅させすぎると、免疫力が下がる」といいます。

ですから、健康維持の一環として「怒り」を減らしてください。「怒り」は自分の健康に悪いという認識を持ってください。怒ることで気は晴れたとしても、もっとも大切な「健康」を壊してしまっては、元も子もありません。

そして、「怒り」は家庭の円満も壊します。

もしあなたが常に怒っていたら、1日中怒りを胸に抱いていたら、家族が非常に苦しみます。もちろん、人間だけでなく、かわいそうな犬も苦しみ、猫も苦しみます。常に怒った状態で、怒鳴ったり険しい顔をしていたりすると、隣近所の人にさえ、距離を置かれるようになるでしょう。

「怒り」に対する認識を「怒りは悪いものだ」と変えても、すぐに「怒り」が消えるわけではありません。けれど、「怒り」に対する「精神的な距離（客観的に見れるようになること）」を保つことができます。

「怒り」がわいてきたら、「怒り」を客観的に見つめ、自分から突き放してみましょう。

誰かがあなたに対して行なった「悪いこと」に怒りを覚えたときは、冷静になって、「怒りは悪いものだし健康に悪い」と、考えるべきです。**「感情は、冷静に見つめられると静まる」という法則がありますので、怒っていたことが、しだいにバカバカしくなっていき、怒りは消えてしまうものなのです。**

「真に実行する価値のあるもの」を入念に検討し、確信を得たら実行あるのみ

「現代の教育に欠けているもの」について、話し合いましょう

さて、今後の「教育」をより良いものにしていくためには、どのようにすべきでしょうか？

私は長年、さまざまな場所で、「現代の教育制度は十分なものではない」と訴えてきました。私に言えるのはそれだけで、その正確な改善方法まではわかりません。なぜなら、私は、現代の「教育」を受けたことがまったくないのですから……。経験自体がまったくないのに、アドバイスをすることはできません。

しかし、私はいつも、教育者や教授、科学者、医学者、ソーシャルワーカーなどに対し、「何かが欠けている」と訴えています。

その「何か」を埋めるためには、まずは話し合いをはじめることです。

「話し合うことで、多くのことは解決する」のですから。

その中で、「提案」をまとめてみるとよいでしょう。可能ならば、一部の地域や学校で、実験的に「新しい教育課程」を加えてみるのもよいでしょう。「前向きな結果」が得られれば、人々の注目を集めることができるはずです。

私の友人である科学者の何人かは、すでに「実験的プロジェクト」を行なっています。2~3週間にわたり、「慈悲」と「集中」の瞑想を日常的に実践したのです。実験の前に血圧やストレスレベルなどさまざまな数値を測定し、実験後に再び測定を行ないました。すると、「大きな良い変化」が見られました。

このようなプロジェクトには意義があります。まずはグループを作って、話し合いや調査の機会を増やし、プロジェクトの計画を立ててみる。その後、実験を行ない、結論を導き出す。こうすることで、「教育の足りない何か」を埋めるきっかけになるかもしれません。

まずは、こうしたことを「やってみること」が大切なのです。

入念に検討し、確信を得たら、実行あるのみ

どのような実験であっても、計画を立てるときは、最初に「それをすべきかどうか」を注意深く考えるべきです。

あらゆる角度から、全体的な見方で分析します。そして、それが「真に有益で価値あるもの」だとの確信が得られてから、実行し、実行したら全力を尽くすのです。

検討段階では、「起こりうる困難」や「障害」も考慮に入れます。決断の前にすべてを明確にするよう努力しましょう。

きちんと考えずに急いで決断をして、問題が発生しても、それは、考えられなかったのだから仕方がありません。ですから、どんなことでも、決断する前に徹底的に考え、あらゆる角度から検証しなければなりません。

そして、ひとたび心を決めたら、

「実行あるのみ」

です。
もちろん、実行の途中で、いくつかの障害や問題も発生するでしょう。予期せぬ問題も起こりえます。しかし、あなたが決めたその行ないは「真に実行する価値のあるもの」のはずです。真剣に考え、それが価値あるものだと心を決めたからには、もう何もあなたの行動を止めることはできないはずです。

私も普段から、この方法（検討→結論→遂行）をとっています。
たとえば１９５９年3月17日に「ラサからの脱出」を決めたときも、さまざまな人と話し合い、意見をもらいました。自分自身でも検証し、そして結論を出しました。
一度決断したら、余計なことは考えるべきではありません。集中して、ことを遂行するのです。

チベットにはこういう言葉があります。

「先が2つある針では上手に縫えない。2つのことを考えている人は、物事を効果的に達成できない」

ですから、針先をひとつに絞ってください。それが重要です。

「尊い目的」に障害はつきもの。苦しみは我慢せねばなりません

「真に実行する価値のあるもの」によって起こる「苦しみ」は、我慢せねばなりません。それは自分で作り出したものですから、耐えなければなりません。

たとえ苦しくても、あなたの行動が「より大きな意義」のために有益であり、「大勢の人のためになるもの」なら、やる価値はあります。個人の苦しみや問題も耐え抜く価値があるでしょう。

しかし、「自分ひとりの楽しみのためのもの」に目的を達成しようとして、その過程に苦しみが生じているなら、やめたほうがよい。つまり、我慢するかしないかは、「あなたの目的次第」なのです。

目的が「大勢の人のためになるもの」であるなら、苦しみにも耐えられます。しかし目的が「自分ひとりの楽しみのためのもの」の場合、途中で苦しみに直面したのな

ら手放せばいいのです。

歴史を見てもわかるように、**偉大な人物や勝者たちはみな、「大勢の人のためになるもの」のために、数多くの困難を経験してきました**。ときとして、自らの命をも犠牲にしています。

つまり良いこと、尊い目的を追い求めるうえで、障害はつきものなのです。苦しいからといって挫折し、あきらめてしまうのは、おろかなことです。

Dalai Lama
ダライ・ラマ法王14世

たしかに
「お金」は大切です。
しかし、お金だけでは、
有意義で幸せな人生は
送れません

億万長者と呼ばれる人たちの中にも、「不幸せな人」は多い

経済的な豊かさが、幸福につながるとはかぎりません。私が見る限り、むしろ億万長者と呼ばれる人たちは、人間として「不幸せな人」が多いように思います。

実際、一般家庭よりも、裕福な家庭のほうが「精神的なストレスは大きい」と思います。裕福な家庭よりも、貧しい家庭のほうが「家庭が円満」な場合が多いでしょう。より多くの心配事やストレスは、肉体的健康を蝕みます。年長者は、このことを子どもたちに教えてあげてください。

たしかに、「お金」はとても大切です。お金がなければ現代社会では生きていけません。何世紀も前は、お金がなくても十分な暮らしができました。エスキモーのように、お金を使わずに十分な暮らしをしてきた人々もいます。

しかし、今日の社会はまったく違います。お金はやはり大切です。

では、「お金さえあれば幸せになれるか?」といえば、そんなことはありません。

親御さんなど年長者は、**子どもや若い世代に「お金だけでは有意義で幸せな人生を送ることができない」という事実を、はっきり伝えるべきだと思います。**そして学校

でも、先生や親御さんが「この事実」をはっきりさせるべきなのです。

ときとしてこの社会では、若い世代に対し、「お金はすべてであり、それは神のようなものだ」という印象を与える宣伝がなされています。

「お金があればすべてを手にした」というような間違った印象が、宣伝によって与えられているのです。ですから**「お金の限界」をすでに経験している私たちが、若い世代に伝えなければなりません。**

「偉大な能力がある人」ならば、その力を、コミュニティに生かしてください

コミュニティへの参加を拒む「2つのタイプ」

「より良いコミュニティ」を作っていこうとしたとき、そのコミュニティへの参加を拒否する人がいた場合、周囲にいる私たちはどのように対処すべきでしょうか。

「活動への参加を拒む人たち」は、次の2つのタイプに分かれます。

①単に放っておいてほしい人
②「偉大な能力」があるにもかかわらず、コミュニティへの参加と貢献を拒む人

①のタイプのように、コミュニティにあまり関心を示さず、孤立した状態でありながら「自己管理はできていて害のないタイプ」なら、ひとりにさせておきましょう。

しかし②のタイプのように、**「本当に能力があり、より良いコミュニティのために貢献できる人」なら、「このコミュニティに参加してください」とお願いすべきだと思います。**

もしかしたら「3つ目のタイプ」もいるかもしれません。「コミュニティに参加して問題を起こす人」、このような人たちも、やはり孤立させておきましょう（笑）。

「本当の現実を理解した
行動」をとりましょう。
人間の感情は、
「実際の現実」より
大きなものとして
認識してしまうことが
多いのです

人間は感情的になると「本当の現実を理解した行動」がとれなくなる

次に、「誘惑に打ち勝つ方法」について考えていきましょう。ですが、「執着」や「怒り」などの感情は、自分の心によって「現実より大きなものとして認識してしまうことが多い」のです。

精神科学者の友人（アメリカ人）は、何年も前にストックホルムで会ったときに、こう言っていました。

「人は怒っているとき、自分を怒らせた人や怒らせた事態が『100％悪い』と感じますが、実際はその**嫌悪感の90％は『自分の心が勝手に作り上げたもの』**なのです。同様に、執着心も、自分の心によって勝手に倍増させられています。どちらの場合も、『現実より大きなものとして認識してしまう』のです」

何年も前のことですが、スイスとサンフランシスコで、大きなショッピングモールに買い物に行ったことがあります。

私はたくさんの店や美しいものを見ました。そして心の片隅で、「これがほしい、これを買いたい」と思いました。

しかしもう一方では、「これは本当に必要なのか?」とも思い、よくよく考えて出た答えは「ノー」でした。

つまり、最初の考えが「現実的でない欲望や誘惑」であって、もうひとつのほうが「現実に即した考え」だったのです。

ですから、「嫌いな人」や「虫の好かない人」に会ったときは、落ち着いて考えてください。「本当の現実を理解した行動」をしてください。

あなたの目から見て嫌な人でも、その「自分の角度」からしか見なければ、自分の「不満」と「怒り」が募ります。「嫌いな人」や「虫の好かない人」があらわれたら、その人を別の角度から見て、こう考えます。

「今は私たちの関係は良くないが、私が中立的な立場に立ち、忍耐と許しの心でいれ

ば、いつの日かその人は、私の親友になるかもしれない。たとえば、彼の親のように、彼を世界でいちばん大好きな人だって、この世の中には存在するのですから」

このように考えれば、自分の怒りや否定性は、かなり減少していきます。親友になる可能性は常にあり、私たちは、その可能性を開花させる必要があるのです。

私たちはいつでも、「本当の現実を理解した行動」をすべきなのです。強い感情に支配され、「増幅された感情による行動」というものは、現実とマッチしてはいないのですから。

監訳者　あとがき

この本に出てくる6人の賢者たち。

実は彼らは、毎年行なわれている「人類のより良き未来のための祭典」において一堂に会した、ワールドクラスのスピーカー／オピニオンリーダーたちです。

そこには、彼ら6人に加えて、バージングループのリチャード・ブランソン氏や『7つの習慣』のスティーブン・コヴィー氏、など、錚々たるメンバーが顔を揃えていました。

参加したスピーカー各人は、それぞれの専門分野において、彼らなりの見地を一般の我々に理解しやすく話してくれました。

世界中から集結した、今を生きるビジョナリーピープルが、直接説明してくれるのです。

他人事のように思える「世界が抱えるテーマ（経済、環境、エネルギー、ビジネス、精神性、教育など）」が、どのように自分たちに影響するのか、あるいは、どのようにしたら自分たちの手で方向性を変えられるのか、今何をすればよいのか……。

今回の出版によって、「その一部」を日本のみなさんにご紹介することができ、心から嬉しく思っています。

原稿を読みながら、会場で感じたインスピレーションが蘇り、また、会場では見逃していた事実、聞き逃していた言葉が、心に響きました。

あなたには何が聞こえましたか？

何を受け取りましたか？

新しいお気に入りの賢者はできましたか？

彼らから得た「気づき」は何ですか？

ビル・ハリスが最後に言っていましたね。

「あなたは大切な存在であり、仕事が何であるかにかかわらず、可能性に満ちた存在である」

「何かを達成するためには、実際に行動を起こさねばならない」

と。

本書を読んで「気づき」を得たとき、そして、あなた自身の可能性を現実にしようと決断したとき、ぜひ「行動」してください。

みなさんが**「2%の行動する人」**であることを願い、また、一緒に行動を起こしていく同志たることを、心から望んでいます。

（社）日本適性力学協会　代表　　宇敷珠美

監修　ビッグピクチャーズ　あとがき

私たちは過去を語ることができます。

一万年前、千年前、百年前に何があったのか、どのようなことが起きたのか、そのときどのようなことが重要で、どんな変化が必要とされていたのか。

私たちは自分がどこにいるかを知ることができます。

無数の衛星が宇宙を飛び回り、地球全体を映し出し、空からは広い地平線を見ることができますし、高いビルに登れば街を一望できるでしょう。

しかし「今、何をするのか」について、明確に語ることはできるでしょうか？

本書で語られたことは**「今、何をするのか」を知る、現代の賢者からのメッセージです。**

彼らは、私たちが過去を知るように現代を知り、私たちが地図を見るように世界を俯瞰する力を持っています。

あなたは本書を通じて、どのような学びや、気づきがありましたでしょうか？

ショーンからのメッセージは、あなたを奮い立たせたことでしょう。情熱を持とう、モチベーションを持とうという話は、至る所で話されており私自身もショーンに対面するまでは少し食傷気味であったことを覚えています。

しかし、身長90㎝、車いすの彼の発するメッセージは**私たちに内在する力を感じさせてくれました**。もし、あまりメッセージを受け取れなかったという方がいらっしゃれば、彼の姿を、彼の人生をイメージしながらお読みいただくことをお薦めします。

トニー・シェイ氏も同じように考えて、私たちが何かを達成したいと思うとき、「なぜか？」という質問を問い続けると「幸せになりたい」という結論になることが多いと言いました。より幸せになる方法については、現代ではあまり多くは語られていませんが、その方法について真剣に考えてみる必要があるのかもしれません。

ビル・ハリス氏は本質の時代の到来を語りました。これまでの時代から大きく変化し、これまでうまくいっていた方法が、うまくいかなくなるのだと言います。**真の価値を持つものしか残らないだろう**と予見しましたが、本書はあなたにとって価値のあるものでしたでしょうか？

エブン・ペーガン氏はメールやＳＮＳがあなたの時間を奪うと言いました。無数に存在する情報を、すべて受け取ろうとすれば、私たちは人生のほとんどの時間を情報整理に費やさなくてはいけないでしょう。そのためにも、私たちは能動的に何を受け取るのか、何を学ぶのかを選択する必要があります。

また、Ｆ．Ｗ．デクラーク氏が指摘するように、私たちを取り巻く情報量は日々増加していて、誰もその全体像を把握することができないくらいに溢れかえっています。

ダライ・ラマ法王14世は「教育」への問題提起をしました。近代教育は、私たちの生活を大幅に進歩させましたし、物質的な豊かさを提供してきました。しかし、解決されていない問題は多々あり、**知識だけでは目的を達成できない**ということが明らかになりつつあります。学んだものをどのように使うのか？　使う自分自身を成長させることが必要です。

さて、本書に登場した6名の賢者たちは、どなたも第一線で活躍するリーダーたちです。これからの時代、私たちはどのような価値を見い出していく必要があるか、本書を手に取っていただいた方には、なんらかのヒントを提供することができたのではないかと思っています。

私たちビッグピクチャーズは、**今回フィーチャーした6名の学びを深めたいという方のために、学びを深める場を用意しています**。本書で得た学びや、気づきを、シェアし、実践していく場としてぜひご利用いただければと思います。

【ビッグピクチャーズWEBサイト】
http://www.bigpictures.jp/

【ご意見・ご感想はこちらまで（ビッグピクチャーズ）】
info@bigpictures.jp

ぜひ、ひとりでも多くの方々にこの本が届き、より良い人生を過ごすために助力できればと願っております。

また、**本書『賢者の言葉』のレンタル版DVDが、全国の「TSUTAYA（一部店舗除く）」で、2011年12月2日よりレンタル開始です。**こちらは、約90分程度の短縮版となっております。詳しくは「TSUTAYAビジネスカレッジのサイト(http://tsutaya-college.jp/)」よりご確認ください。

最後に本書の刊行に際しご協力いただいた多くの方々に、また、本書の編集を担当していただきました、（株）ダイヤモンド社の編集者である飯沼一洋さんに、心より感謝を申し上げます。

ビッグピクチャーズ　発行人　飯島　俊哉

【本書の出版に際して、ご協力いただいた皆様に感謝をこめて（※敬称略）】

淺野昌規、荒義彦アレクサンドル、案浦豊士、飯沼一洋、五十嵐久美子、池田貴将、石田健、伊勢隆一郎、上野やすみ、小川真理子（クロロス）、賀集美和、加藤桂衣、唐鎌菜恵、川島和正、川島みゆき、久家邦彦、小谷川拳次、小松丈紘、駒場美紀、斎藤充（クロロス）、斎東亮完、西連寺泰之、佐藤拓也、佐藤ふみお、重原隆、杉谷陽子、関谷英里子、世良カズヨシ、相馬一進、高浜憲一、寺田和未、取次学、成尾美佳子、西沢俊昭、長谷川倫人、原田翔太、平井美栄子（ミエコ・ヒライ・ブロン）、日吉祥平、福田亘位、藤吉豊（クロロス）、細井香織、本間友子、山本時嗣、宮川明、百瀬鮎子、横山直広、吉田雅一、ユール洋子、義廣千秋

[監訳者：プロフィール]

宇敷珠美(うしき・たまみ)

マサチューセッツ大学政治学部卒業後、20代をずっとアメリカで過ごし、さまざまなビジネス経験を積む。

帰国後は、アメリカ大学大学院の日本校やインターナショナルプレスクールなどにおいてキャリアを積んだ後2002年に起業。

その後、社会人教育･起業家教育をテーマに、巨大ビジネスセミナーを中心に展開していたアジア最大のイベント会社（シンガポール）の日本支社長として、多くの日本の優秀な人材を海外セミナーに導いた先駆的存在となる。

現在は、ウェルスダイナミクスの考案者ロジャー･ハミルトン、他、多くの海外著者・スピーカーとの人脈をもとに、複数の海外ビジネスを展開する。

(社) 日本適性力学協会　代表　宇敷珠美
ウェブサイト：http://jwda.org
フェイスブック：http://www.facebook.com/japanwda

[ビッグピクチャーズ発行人：プロフィール]

飯島俊哉(いいじま・としや)

青森県五所川原市（旧金木町）の禅寺に、次男として生まれる。多摩美術大学卒業。

人材育成企業に入社後､制作部を経て経営企画に携わる｡コンテンツプロデューサーとして､映像を中心に100タイトル以上の作品を制作｡2008年に独立起業し､株式会社ビッグオーを設立。コンテンツ編纂業務を中心にするため、2010年に代表取締役を辞任、取締役CVO（チーフ・ビジョナリー・オフィサー）に就任。グローバルコンテンツを日本に紹介するため、ビッグピクチャーズを設立、発行人を務める。

株式会社ビッグオー　取締役CVO　飯島俊哉
ウェブサイト：http://www.big-o.net/
メールアドレス：iijima@big-o.net

[ダライ・ラマ法王日本代表部事務所（チベットハウス・ジャパン）]

インド・ダラムサラにあるチベット亡命政権（Central Tibetan Administration, Dharamsala）及びダライ・ラマ法王の日本・東アジアにおける唯一の公式代表機関。チベットハウスはダライ・ラマ法王日本代表部事務所文化部の別称。チベットハウスでは、日本の皆様に幅広くチベットの情勢、国際状況、ダライ・ラマ法王の活動等の情報等を提供するため、３カ月ごとの広報誌「チベット通信」の発行をはじめ、ホームページの作成、各種の広報文化活動を展開しています。

[連絡先] ダライ・ラマ法王日本代表部事務所（チベットハウス・ジャパン）
住所：〒160-0022　東京都新宿区新宿5-11-30　第五葉山ビル５階
電話：03-3353-4094　FAX：03-3225-8013
ウェブサイト：http://www.tibethouse.jp
メールアドレス：lohhdl@tibethouse.jp

[監修：ビッグピクチャーズ]

「細分化されつつある世界において大きな視座を獲得する」をテーマに、国境を超えて活躍する著者、研究者、講演者たちを独自にフィーチャーし、価値ある学びを提供する。普遍的な人間的価値の推進と大局的な思考力を学ぶことで、次代を生きるリーダーの育成を目的とする。

ビッグピクチャーズ
ウェブサイト：http://www.bigpictures.jp/
メールアドレス：info@bigpictures.jp（⇦ご意見・ご感想はこちらまで）

●宇敷珠美　（社）日本適性力学協会　代表

●飯島俊哉　株式会社ビッグオー　取締役CVO

●園田隆之　株式会社ビッグオー　代表取締役
ORM（オプション＆リミックスマーケティング）代表
http://www.big-o.net/orm/
人生の師（匠）が見つかる「メンターズラウンジ」代表
http://www.mentorslounge.jp/

●伊藤予應　シンクタンク＆コンサルティング ITMASA　代表
つながりをもっと楽しくもっと大切に。
他己紹介サイト「倍人」オーナー
http://bi-nd.com/

賢者の言葉

2011年10月27日　第1刷発行

著　者――――ショーン・スティーブンソン／トニー・シェイ／
ビル・ハリス／エブン・ペーガン／
F.W.デクラーク／ダライ・ラマ法王14世
監訳者――――宇敷珠美
監　修――――ビッグピクチャーズ
発行所――――ダイヤモンド社
〒150-8409　東京都渋谷区神宮前6-12-17
http://www.diamond.co.jp/
電話／03･5778･7236（編集）　03･5778･7240（販売）
装丁――――重原 隆
編集協力――――小川真理子（クロロス）、藤吉 豊（クロロス）
本文デザイン・DTP――斎藤 充（クロロス）
製作進行――――ダイヤモンド・グラフィック社
印刷――――堀内印刷所（本文）・加藤文明社（カバー）
製本――――ブックアート
編集担当――――飯沼一洋

ISBN 978-4-478-01705-0